把自己愛回來

Love yourself with all your heart

改寫生命腳本的療癒故事

故事王子 **周志建** 著

本書願獻給

我的恩師——陳怡安老師，

以及所有不放棄、

勇敢做自己的芸芸眾生。

目錄

CONTENTS

第二章 美好的生活是一種選擇

第三章 隨心所欲，做自己

目錄

CONTENTS

〈前言〉

放下，放慢，清風自來

有一天，坐在自家的客廳沙發裡，我手上拿著一本書，安然地享受閱讀，那是一本靈性書籍。

突然間，書裡冒出一句話：「如果你現在的生活方式，跟二十年前一模一樣，那麼很明顯的，你人生中最精采的時刻，永遠不會到來。」

當下，心被震了一下。

放下書本，靜默良久。心裡，默默參詳著一行禪師這句話。

「我的生活跟二十年前一模一樣嗎？」我自忖著。

不，我的生活一直變化著。

這兩年，我出了兩本書，我的敘事私塾與工作坊也一直在精進演化著，我旅行、靜坐、游泳、跑步，我一直努力著讓自己生活保持平衡豐富，很多人看我，想必羨慕。這樣的人生，算得了精采吧？我該知足了，不是嗎？

「是的，該知足了。」我跟自己說。

回首這些年，我過得安穩又規律。不是書寫，就是帶工作坊。在書寫中，我深刻反思、同時也自我療癒。我的工作帶給我極大的成就感，生活與健康也一直維持令人滿意的狀況。嗯，我是該感恩知足了。

但是，我得誠實，在這樣的安穩裡，有時……有時候，我卻感到，有點……膩了。

膩了？怎麼會？

是的，膩了。

這到底是怎麼一回事？

仔細想想，這二十年來，我不斷在敘事的專業裡精進打滾，我必須承認，我是一個很認眞的人。堅忍、毅力、實踐，這是魔羯座的特性。如今，雖有點小小成就，但是，我也發現，這樣的成就並沒帶給我極大的喜悅，內心裡，好像總缺了一點什麼。

是呀，怎麼會這樣呢？

去年夏天，出了第二本書，一推出反應熱烈，讀者來函的感謝與感動如雪花般，身為作者既開心又虛榮。然後，就在此刻，內心卻跳出另一種聲音：「夠了，你該去過不一樣的生活了。」

我知道我的生活並沒有不好，只是，有時還是在「大同小異」中缺乏變化。此刻，內心出現一種召喚，促使我去做點不一樣的事。或者說，「什麼事都不做」。聆聽召喚，我決定——出走。

去年初秋，我一個人前往京都旅行。我想，放空自己。

八天京都之旅回來後，我整整把自己關在家裡三天三夜不出門，我只想繼續安靜地待在京都的深度寧靜裡，享受內心裡無法言喻的平和與喜悅。

三個月之後，我再度前往京都賞楓。

那幾天，每天漫步在禪寺古剎的楓葉林裡，我被大自然的多彩豐盛給震撼到闔不攏嘴。「天地有大美而不言！」唉，終於明白。

「怎麼會有這麼美的地方啊？」心裡不斷驚呼著。

然而，我更驚訝地發現：「我竟然活到了五十歲，才第一次來到京都賞楓？」

「那這些年，我都在幹嘛呀？」我捶胸頓足地問自己。

回來後，我跟朋友說：「以後，我想要好好過生活，我不想再錯任何一場楓紅了。」

是的，人生如此美好，我不想再錯過一場華麗的楓紅、一場盛開的櫻花，甚至是路邊一朵綻放的小花。我發誓。

京都之旅，徹徹底底解放了我內在某個禁錮的靈魂。漫步在京都的禪寺、楓紅、雪櫻裡，我經歷到一種純粹的存在，讓我在當中，得以放空、沉靜，誠實面對自己。

好，我認了。這二十年來，我的生活看似豐富，但其實模式都差不多：不是念書，就是工作，不是書寫，就是做諮商。

從碩士念到博士，在敘事專業裡，不斷精進自我，我很努力，徹底實踐敘事，把敘事變成我，我也變成敘事。努力拿到博士、又出了兩本賣得還不錯的書，獲得不少掌聲。這些世俗成就，沒有不好，這都是我想做的事，我在自我實現。但此刻，我卻突然看見：我的人生其實不也是默默在遵循某種模式，這個模式，很主流、很正當，就是「努力向上，功成名就」，不是嗎？

這也沒什麼不好，只是……

我很幸運，我正走在自己想走的路上，我做的都是自己喜歡的事，我知道我並沒有刻意想去追求世俗名利，但是，我也必須承認：在生活的努力中，有時，我想停，卻停不下來。我想放鬆、卻無法放鬆。甚至，在無所事事裡，我依然無法感到安然自在。

當下，我突然明白。明白自己爲什麼這幾年會走向靈性修爲，其實我想修的，就是這顆無法安穩的心。

於是，我又突然想起：十年前我生的那場大病（坐骨神經痛）。

這場病，絕對不是意外、更不是偶然，如今明白：那是我人生追求成就、一路停不下來的結果。這是我「一直努力、停不下來」，所付出的代價。

多麼痛的領悟啊！但它卻也是一份禮物。

相信我，如果不是生了那場病，我是無法停下來的（關於生病的故事，詳見第一章）。整整折磨了我一整年的坐骨神經痛，徹底改變了我的生活模式、飲食習慣、讓我開始好好去運動。最後，我痊癒了。我不知道，是我治好了坐骨神經痛，還是坐骨神經痛治療了我？

生病，其實是上天給的恩典。

因爲這場病，讓我這十年來，力行「減法生活」。減少應酬、減少不必要的社交，一切能免則免，回到生活的單純裡，感受生命的純粹與美好。是的，我漸漸回到一種「單純」裡去過生活，我渴望簡單。

清靜、簡單、自在，一直是我想要的生活樣貌，但我卻一直做不到。

要簡單，還眞不簡單哩。人是欲望的動物，欲望經常把生活搞得七葷八素、混亂不堪。我承認，我也經常「捨」不得。

十年來，我經常在現實的工作努力與清靜的生活渴望裡，來回掙扎。生活，時而簡單，時而複雜。心，時而清明，時而混亂。日子就在這兩端裡，來回擺盪，永無寧日。

漸漸地，我才明白：原來，這就是修行。生活就是修行，沒錯。

我必須承認，這樣的修行還眞難哩。每當我前進一步，隔天立刻退後兩步。唉，只因「習性難改」。

如今，年過半百，我知道我生命的「折返點」到了。**擁有不如享有。我得好好去「享受」我的擁有，而不是繼續去「追求」更多的擁有**。如今更加明白：放下、放慢，生命一切具足，大自在，這就是我要的。未來的人生，我將比照辦理。

花若盛開，蝴蝶自來。我也漸漸領悟：其實人只要好好做自己，一切都將豐盛美好。功名，無須刻意追求，人，其實不需要活得這麼用力。

這本書其實是寫給自己看的。透過書寫，其實我在宣告一件事：「對，我該停下來了。而且，我要享受生命、享受我美好的人生。」

如果，你的人生剛好也走到一個十字路口，如果，你最近生活也感到茫然迷惘，那麼，這本書，或許適合你。

書裡的故事，或許會幫你的生命找到一個「出口」，把你從一成不變的生活裡，給喚醒、翻轉過來。生命之道，就藏在故事裡，這就是故事的療癒力量。

現在，邀請你，給自己泡杯好茶，坐下來，輕鬆享受這本書吧。

記得，放下、放慢，清風自來。

〈推薦序〉我們都是想好好活出這一輩子的人

敘事治療取向督導、講師、諮商心理師 黃錦敦

讀這本書，讓我想起幾年前的一段往事。

那時志建剛拿到博士學位，我們一起聊天，我問志建拿到學位後，接下來人生的打算，志建大概是這樣回答我的：

「我已經想好接下來的人生有幾件事不做：不快樂的事情不做，沒有愛的事情不做，失去自由的事情不做。所以，之前有幾個令人稱羨的工作邀約，我本來還在考慮，現在清楚了，那不是我要的。」

我聽他這樣說，實在讚嘆，我回說：「你這根本是下定決心以後要過很爽的日子嘛！」志建開心地呵呵笑。這幾年我看著志建的生活，他確實把自己的人生過得很「爽」。而這本書，正是寫著這樣的生活是怎麼來的。

此書寫著志建這十年的生命變化，算一算，我認識志建也是十年的時間，從我的觀點來看，志建是一個眞正的生活大師。他持續地運動、健康飲食，這是養身體；他書寫、閱讀、對話、旅行，在生活中保持覺知，感受生命的美好，這是養心智靈魂。一個人能養身養心也養靈，那是眞正「活」在日子裡的人了。

能在日子裡這樣「活」，不是理所當然，那是創造而來的，這也是志建令我欽佩的地方，他活生生地創造了自己的生命風格，讓他成爲一個靠近幸福之人。我的好友林祺堂教授曾說：「有些學問教人走向成功，有些學問教人走向幸福。但成功的人不一定擁有幸福。」我想，人若能擁有幸福，那麼不管有沒有抵達世俗所謂的「成功」之處，都會有很好的生命品質。**我認爲志建這本書，就是在教人如何把眼光直接移到生命更核心的位置，走上幸福的路途。**

若走向幸福之道像是一趟旅程，閱讀此書時，你會看見志建如何拆開老天爺的信封，解讀深藏於「痛苦」之中的改變訊息。他在這樣的訊息指引下開始踏上生命探索之途，一路上試探自己，了解自己所渴求的，把屬於自己的寶物、想要的生命一一拾入行囊，寫進生命旅程的札記本裡。在生活中、在書裡我都看見，志建的路是這樣走出來的：他對著前去的道路，一次次做出忠於自己的選擇，並認眞地付諸行動。他眞用十年的光陰扎實地累積出自己想要的生命樣貌。

在這本書裡，志建把他這一路上的挑戰與風景、幸福與困難，用一篇又一篇的故事，以淺顯易懂的文字留下人生旅者的足跡。所以，這是一本好讀易懂的書，如果你想解讀生命困境的訊息，擁有一個嶄新的可能；抑或是你已望清前去方向，只期待能點燃行動的引信，我會極力推薦你閱讀此書，並讓它影響你，如此，這本書將不僅只是志建的實踐故事，也會是你的。記得，我們和志建一樣，都是平凡但想好好活出這一輩子的人。

〈推薦序〉

走過了苦痛，我們明白了愛

諮商心理師、心靈療癒叢書作家　蘇絢慧

馬斯洛（Maslow）在自己有了令他受苦的心臟病之後，大幅度地削減了工作量，並由純人本的層面演進到超個人及超人本觀點，開始修正他最有名的「需求層次」論。在進入了一九六〇年前後，馬斯洛開始感到這一層次架構不夠完整；人本心理學的最高理想：自我實現。他認爲，這並不能成爲人的終極目標。他越來越意識到，一味強調自我實現的層次，會導向不健康的個人主義，甚至於自我中心的傾向。他曾說過：「缺乏超越的及超個人的層面，我們會生病……我們需要『比我們更大的』東西連結……」人們需要超越自我實現、超越自我（請參閱《超個人心理學》，心靈工坊出版）。

馬斯洛的發現及論點，對於已然自我實現的人而言，是一個呼應，也是一個啓發。

我看見志建老師的生命在已然自我實現之後，生命的啓發和整合，並未終止，而是開啓了另一個更高層次的天命；走向天人合一的道路上，眞實地領受所有發生在我們生命中的遭逢後，能眞實的「是」（being）自己，眞實的「是」（being）愛。

志建老師的這一本最新著作《把自己愛回來》，處處充滿禪意，是一本與生命眞誠對話，也回望這一路走來的自己，如何的苦痛、喚醒、翻轉、領悟，及重生的歷程。

「苦痛」，是人人皆痛惡的感受。因爲怕痛、怕受苦，我們努力地預防可能會遭遇苦痛的經歷。我們從小被教導：如果，我們不要受苦、不要受痛，就是盡所有力氣去完成這個外在社會要我們完成的任務及要求；小從服從父親的命令、滿足母親的要求，再到因應學校學習的競爭及符合優秀的評價，最後到出社會後，努力爬上所謂成功的位置，步步高升，獲得名利財富，讓人欣羨。

但當你努力不懈，在日復一日的打拚中，用心精進，認眞鑽研，也獲得不少掌聲，被世人公認你的價值及成就之時，苦痛，卻還是臨門了。「苦痛」打亂你的生活，破壞你意氣風發的氣勢，甚至打趴你最基本的能力，讓你招架不住，只能任憑苦痛席捲。那種徹底被打敗的感覺，是我們長年累月拒絕的感覺，是我們的生命不允許出現存在的感受。人生不該如此，怎麼會在彷彿已握住全世界的同時，卻突然的什麼都要被拿走呢？

但是，若你臣服「苦痛」的臨到，試著和你的苦痛對話，你會看見苦痛如何的提醒你，你如何的不善待你的生命。雖然外在的物質、名氣、成就條件你漸漸獲得，滿足了你內在想證明自我存在價值的渴望及動力。但是，那樣的滿足必然付上了其它代價。而苦痛，就是這樣的代價。

「苦痛」不是來羞辱我們，或嘲笑我們的。「苦痛」是來眞誠地告訴著我們，我們尚未懂愛，未能眞實的接納生命本該無條件被愛。「苦痛」很誠實地告訴我們，我們並未眞實的好好活著，只是應付這社會的生存焦慮，任憑這社會的拉扯及催逼，恐懼自己的不夠好，不值得存在。

「苦痛」或許也在告訴我們，過去的生活方式是錯誤了，某些無意識的不得不，讓我們在生活中失足，也讓我們心靈失衡，更讓身體承受過多的負擔。

如果，我們願意好好與「苦痛」對話，好好說出我們和「苦痛」的故事，這「痛」的領悟，也將開啓我們另一個層次的意識，引領我們走向眞實的心靈返家之路。了悟我們與這萬有的共存，我們不會輕易被排除，也不會輕易的再惶恐及不安。那深層沉穩的內在靜心力量，將伴著你知覺你的每一日，每一次的移動，及每一個的呼吸。

志建老師分享了他與「苦痛」的故事，如何的與「苦痛」爲敵，再到共存、和好，也經驗到更多的自己，特別是那原本被這社會拒絕的自己，不僅認了回來，也愛了回來。

這本書讓我連結了許多我也曾經歷過的遭逢，一邊讀著，一邊自己的故事也紛紛在心裡響起。相信你在閱讀志建老師故事的同時，你也開始與自己的生命故事有了最好的接觸，走了一趟把自己愛回來的路。

〈推薦序〉

把自己愛回來，找到自己

——改寫生命腳本的療癒故事的另一個故事

作家、紐約榮格學院心理分析師候選人　李宜靜

拿到這本書，看了書名「把自己愛回來」，怎麼就想掉淚了？即使是現在，寫著、感覺著「把自己愛回來」，眼淚就一直在眼眶裡打轉……

「把自己愛回來」……是的，我遺失了自己有多久了？而將自己找回來的方式就是「愛自己」，除此之外，別無他法！

就讓我說個故事吧。但要怎麼說這故事呢？從哪裡開始？這麼深的心路歷程，我有能力用言語表達萬分之一嗎？

那一年的夏天，我終於受不了，受不了自己，因爲寂寞，因爲對愛的匱乏而不斷地將注意力放在外面，拚命照顧他人的感覺，救他人，救社會，或希望旁人

的照顧與注意力，而生硬地扭曲自己，違背自己，遺棄自己：是不是，如果我很有能力、很乖、很美麗、很有成就等，你就會喜歡我、接納我，就不會傷害我、處罰我？可不可以請你愛我？

這樣的戲碼，這一輩子以來一直重複地上演，我眞的很累、很累了。

我眞的需要一個人好好安靜一下了！

於是，我鼓起勇氣，決定做自己，告訴原本要一起到緬甸自由行的朋友，我臨時決定放棄已經訂好的機票，取消所有的行程，改到東南亞的一個小島，就在海邊一個人住十五天，很欣慰得到朋友的諒解，她也支持與感謝我鼓起勇氣做自己。

於是，我一個人來到這個小島，一個處於旅遊淡季，全部的商店可能只有五家的安靜海邊。

我哪裡都不去，十五天就在飯店裡與海裡，或游泳池裡泡水游泳，或是做瑜伽、靜坐、看夕陽、看下雨、看風起水湧，同時，盡量不上網，讓自己跟自己在一起。

我一直是很喜歡游泳的，想像兩隻手將水輕輕地畫開向前游，感覺就很舒服自在。但，這只是止於想像，因爲每一次在泳池裡游泳，我都很緊張，不是害怕後面的人會趕上我，或是我游太快了，厭煩前面的人爲什麼游得這麼慢，後面的人都卡住了，怎麼辦？

長期在競爭習性的制約之下，原本應該是優雅自在的游泳，對我而言，卻成爲一種令人緊張的運動。

我住的這個飯店有三個泳池，加上是旅遊淡季，人很少，常常泳池就只有我一個人，於是我就慢慢地游，慢慢地放下心來。就在我慢慢地放鬆的過程裡，有一天我在泳池裡游泳，水裡有兩對和善的歐洲老夫妻，站在水裡很開心地聊天。他們對我應該是沒有「威脅」的，因爲他們沒有在游泳，但當我游過他們身旁的時候，我竟然發現，我的身體很自然地緊張起來，全身都是僵硬的。我很驚訝我的身體的自然反應。

我繼續在水裡游著、游著，突然之間，我了解了：我那二十歲的年輕媽媽，在一個不被接納、飽受精神虐待的婆家，加上老公的言語和肢體暴力、經濟困難的情況下懷了我這第三個女兒，又接著生了三個女兒、一個兒子，而我，打從在娘胎裡的環境就多麼艱難，多麼不安全啊！

難怪，我一直這麼容易緊張、害怕。

表面上，我有討人喜歡的微笑，溫柔善解人意，能力不錯，適應力好，競爭力強，聰明，待人熱情，熱心助人，應對進退大方合宜……但，原來，這全部是我的防禦機制：所以你就會喜歡我、接納我，我就不會被傷害、被處罰，所以我才有可能繼續生存到今日。

天啊！

想到這裡，我在水裡不禁痛哭出來，原來如此，原來是這樣的！

這樣的領悟是很痛的、很痛的：我的內在小孩，那個小小宜靜，從來沒有機會安心自在快樂地當個小孩，她還沒有來得及慢慢長大，就一下子被迫變成小大人了！

但，從來沒有當過小孩的小宜靜，是沒有辦法眞正長大，於是，驚慌失措，不知所以，常常疑惑為什麼別人不愛她了，她又做錯了什麼？為什麼要離開她？為什麼不要她了？為什麼要處罰她？為什麼要傷害她？她常常不明白，也從沒有眞正安心過。這個世界對她而言，是這麼危險。表面上，她可以與人相處得很好，即使是陌生人，都可以很快聊上天，但，原來這只是防禦機制，原來事實上，她是這麼害怕人的。

原來，我從沒有眞正覺得安全過，難怪，我總是付出太多，控制太多：將太多注意力放在外面的人事物，向外討愛，讓自己很有用，所以不會被遺棄，進而可以控制整個狀況，希望不要受到傷害；而我是沒有時間與精力好好照顧自己，注意自己、陪伴自己的。

當全部的注意力都在外面時，事實上是非常非常寂寞的，一個寂寞的小小孩，非常渴求愛與注意力，所以將注意力放在外面，希望獲得愛與關注，而外界的人事物的一舉一動、一言一行，不斷地牽引著我，是我唯一能量的來源：所以我可以幫他人做很多事，遇到自己的事情，卻提不起勁。不斷地上網，看看他人在做什麼，社會上發生什麼事了？

藉由注意外界人事物的發生的刺激，來逃避面對與感覺自己的寂寞與悲傷，而這樣的寂寞，壓著，很久、很久了。

一個非常寂寞的小小孩，多麼希望他人的愛與注意力啊！

想到這裡，眞的太痛了。

我也眞的、眞的，累了。

我繼續在這幾乎無人的海邊，安靜地一個人看著海，像一隻受傷小貓咪，靜靜的、慢慢地舔傷。

* * *

在我離開小島之前的一天，發生了一件事情：走之前一天的這個晚餐席上，我才知道他偷偷喜歡我很久了，一個完全沒有僞裝、化妝、頭銜、裝扮，戴眼鏡，頭髮永遠濕噠噠，注意力只在自己身上的我，而在我知道他喜歡我，努力的想推開他的同時，竟然發現我也開始喜歡他，一個不太會說英文，我住的這個飯店的餐廳經理，眼睛溫柔，心地善良的男人。

因爲他，我的心像被整個撕開，整個打開，靈魂深處好像重新洗牌，很震撼，心不斷地開展，是一種很深入、很安靜，被剝開，很痛、很痛的感覺。

從離開小島的飛機上，一路回到紐約之後，我就一直不斷地痛哭，像一個小孩一樣，不斷地哭泣，而這個哭泣，有悲傷，也有喜悅。

他送了我一個很重要的禮物：如果他可以喜歡我原來的樣子，也許我也可以開始喜歡與接納我自己原來的樣子，而不需要努力扭曲自己，希望自己的「條件」更好，所以會被愛，被接受，不被處罰。我也不需要去選擇「條件好」的男人，可以開始看到與珍惜一個人心地的眞實美好。

在情感上，我知道，我是將對父母愛的渴望投射到他身上了，從來不覺得父母可以無條件地愛我，我一定要很乖，他們才會愛我、接納我，但與這位男士，因爲無法用語言溝通，在沒有言語屛蔽之下，我們只能用心來溝通，就這樣，我像是進入了嬰兒狀態，只能用心與內在父母的聯結，終於感覺被內在父母無條件地接納與愛，所以整個人像是重新被洗牌，靈魂深處整個被打開了。

這樣的靈魂震盪，是很難用言語來描述的。

回到紐約，我發現，我變了，在榮格心理分析學院第五年的學習，這是第一年我不害怕，我可以自在的做自己！What a process!! 這是個怎樣的震撼療癒心程啊！

同時，我像是進入了一個很靜的狀態，好像不需要多說什麼了。

而《把自己愛回來》這本書，在這時候送到我手上，是天意嗎？

謝謝你，志建，寫了這本書，雖然我們不認識，因爲你在你敘事工作坊裡推薦我的書《愛與性的奇蹟課程》，讓我知道你的存在。

細細地看著這本書：你因爲與坐骨神經痛的相遇，從而覺察與感覺到因爲從小社會價值競爭期待的制約，而不自覺地長期壓迫自己、傷害自己，已化爲坐骨神經的痛不欲生，而這一切都是內在小孩當時無法說出的深切之痛啊！

這時候的我，因爲可以更深切地感覺到我自己的痛，我也終於感覺到你的痛，及全世界有情的內在小孩的痛！

而感同身受，才是最大的療癒力量，而不是一再地用正面思考，將痛苦壓下去。所有的所謂負面思想，事實上，是內在小孩的痛，唯有祈求上天的力量，給我們勇氣去感覺這些痛，所有的感覺與情緒走透與釋放了之後，轉化自然發生；而正面的思考的力量是自然發生的，並不是我們強加上去的，那是沒有用的，只是將感覺與痛苦壓得更深，而壓下去的痛苦是不會消失的，會藉由身體的病痛，或是人事物的不順利，或是意外，來提醒我們，內在的小孩是很痛很痛的。

看著你，這麼勇敢，這樣謙虛，這樣誠實的一步一腳印，慢慢地從頭學習，將自己慢慢地愛回來、找回來。雖然我們把自己愛回來，找回來的途徑不一，但，療癒是平行的如此相似，謝謝你，讓我感覺不孤單。

＊ ＊ ＊

把自己愛回來，這樣的心程並不是「從此以後就過著幸福快樂的日子」，是來來回回，更深刻反覆進入療傷的旅程：

收到這本書的稿子時，我剛剛去上了布萊恩・魏斯（《前世今生》作者）的五天前世催眠回溯法受訓課程回來，What an experience!! 一個很深入、很難的過程。

難在不斷地面對自己，而且很痛，因爲不斷地看到與感覺到自己的討愛防衛機制，將自己鎖得緊緊的，縮在小小的框架裡，不斷地向外求愛，而扭曲了自己，而這樣的背叛遺棄自己。我已經太累了，已經能夠感覺到這樣的框架已不適合我了；掙脫的過程，是很痛的，但，我已經別無選擇，掙脫之後，有重生的充實與安定。

所謂防禦機制，就是榮格所說的complex，情結，是不斷不斷地來來回回，一層層，更深、更深的療癒，就像是剝洋蔥，一層層地剝下，更多更多的淚水，更多、更多的痛，不斷地湧出。

然而，在這麼深刻的感覺到自己痛的同時，有一種很深的喜悅，從靈魂深處像泉水不斷地湧出。

常常走在路上，我無端感覺想跳舞，在哭泣古老而久藏的痛的同時，我想喜悅地唱歌！

原來，我們一般人因爲長期壓抑情緒，無法深刻地去感覺，生命變得非常麻木乏味；當一個人無法深刻地感覺到痛，也就無法感覺到深刻的喜悅，這也就是爲什麼常常有人談到開悟之後的狂喜經驗或高峰經驗。

在慢慢地學習與自己在一起、陪伴自己、做自己，我慢慢地變得比較不寂寞，當自己又無法停止地上網，或是沒有好好照顧自己，我就知道，我又在逃避那個深深的寂寞悲傷，這時候，我就會祈求上天的力量，給我勇氣，讓我感覺到我的悲傷。

在寫這篇文章的這些日子裡，我常常用呼吸的律動，讓自己與內在連接，慢慢讓手腳身體自然地自己動起來，與自己的靈魂連接，我深深地哭泣，與喜悅，與陪伴自己，慢慢地，進入了這篇文字。

＊　＊　＊

親愛的你，拿到這本書，沒有意外，時候是到了，是將自己愛回來，找到自己的時候了。

書中寫到：

「生命最難爬的山，不是四千、五千、六千公尺的高山，而是你自己生命這座山。」最後，謝教授這句話如醍醐灌頂。

要如何攀爬自己生命這座山呢？沒有捷徑，我們只能一步一腳印，如實面對自己，面對生命裡所有的發生與經驗，不否認、不迴避，如是而已。

不否認，不迴避所有的經驗、感覺與情緒，而這所有的感覺與情緒，就會成爲很重要的黃金鑰匙，啓動能量，進入靈魂的深處，慢慢地轉化、昇華，一個靈魂、一個生命，就這樣慢慢地綻放出美麗光彩，自由自在！

於是，深深祝福與感謝所有有情的內在小孩。

〈好友熱情推薦〉

志建很愛玩，也很會玩；志建愛自己，也愛朋友，愛學生，愛大自然。因爲心中有愛，所以更熱愛生命，熱愛生活。

有愛的人，用全然生命過生活的人，生命當然精采，故事也自然說的精采，影響力自在其中。

這是志建的第三本書，有不同的風景，不同的故事，相同的是，對人性都有深刻的描繪，對人生都有很棒的啓發。

一本振奮人心、叫人反思的好書，鄭重推薦給幸福的讀者！

——專業人文企管講師　楊田林

很喜歡這本書中談到「生命折返點」的概念。誠如書上所說：旅行到一個地方，暢遊美景的同時，我們也需要預估一個折返的時間，否則會回不了家。我很喜歡這個折返點的「隱喻」。生活亦是如此。當我們一路往前衝、盡情擴展事業版圖的同時，確實需要知道何時該折返了，不然，人會迷失自己，所有的努力都將前功盡棄。

去年，遇到志建，聆聽他去京都賞櫻、賞楓的故事，好羨慕他可以放慢、放鬆享受旅行的美好。聽著聽者，心裡頭有著好大的觸動，這帶給我很深的提醒與鼓勵，於是我也在思考著：我的生命折返點是否也到了呢？

故事是有力量，它會激發生命的共振與漣漪！我被志建給鼓勵到了。

於是，我開始只答應做讓我怦然心動的課程，我甚至安排了一整個月的假期去「內觀」安靜自己。今年底，我整整休息兩個月不接工作，享受「放掉時間過生活」的清幽自在。以前的我，行程總是滿檔，但現在，我眞的願意「放過自己、放慢腳步」，好好過生活。

謝謝志建這十多年來一直帶給我許多鼓勵，從他身上我看見了什麼叫做「越活越年輕、臉越來越發亮」。這本書是志建活出健康的生命見證，他非常有實踐力，這點叫我打從心底讚嘆與佩服！很開心能繼續爲志建的新書作推薦，因爲我明白，這本生活實踐的好書，非常值得分享出去！祝福所有的讀者，也能看懂並穿越自己生命的關卡，好好把自己愛回來！

——左西人文空間主持人、馬雅旅人　陳盈君我是一個身體工作者，致力於推動人們自主健康管理的觀念，我提出來的健康管理策略就是：「只要你讓自己更健康，症狀自然就消失了。」然而這句話對某些人而言是不管用的，因爲他們已經長期依賴外在醫療，忘了自己才是自己健康的唯一創造者。

我發現；自我健康促進是需要一個人高度的覺察力。你必須深入自我意識去照見自己，並爲自己展開積極正向的作爲，往往要改變的，不只是生活中某個習慣，而是必需「由內而外」打造一個全新的自己。畢竟，我們不能用「相同的自己」去期待「不同的未來」。

很榮幸能搶先閱讀「故事王子」周志建老師寫的新書《把自己愛回來》，內心引發許多共鳴，我們在人世間有很多「功課」要學習，關於健康、情緒、關係等等，我想「覺察」是一切的開始。如果你想要成就更好的自己，衷心推薦你這本好書，請找一個屬於自己的安靜時刻，好好享受此書的美好吧！

透過更多的覺知覺察，好好「把自己愛回來」，自然周圍的人也將會更愛你！

——脊椎力學專家、企管名師　鄭雲龍

第一章

在痛中覺醒

那一年，我跟坐骨神經痛相遇的故事

從「不可說」到「可說」，

故事，開啟了我的病痛經驗。

痛，像一個探照燈，

讓我重新照見自己。

多麼痛的禮物

有時，生命的陷落時刻，
同時也是生命的覺醒時刻。

這是多麼痛的領悟啊！

我不是在唱辛曉琪的歌，我是在說我的故事。

這故事，得從十年前的春天開始說起。那一年，我生了一場病，一場令我痛徹心扉、動彈不得的病。

「你生過病？」是的，不要懷疑，雖然現在的我看起來很健康，但我確實生病過。你知道嗎？要不是那場病，現在的我，不會那麼健康的。這場病，徹底改變了我。

唉，有時候，你不得不承認，病痛是一位好老師，儘管你不喜歡它，但它卻帶給你前所未有的人生體驗與功課。

是的，在二〇〇四那年春天，我生了一場大病。這場病，整整折磨了我一整年，叫我痛不欲生，它讓我掉入一個黑洞，深不見底的黑洞。我在那個黑洞裡，整整待了一整年，爬不出來。

有時，生命的陷落時刻，同時也是生命的覺醒時刻。果眞如此。生這場病，有如參加一場禪修營，它讓我對自己的生活與生命有了更多的覺知覺察，這不只是一場身體療癒，它其實更是心理與靈性的療癒。

這些年，我的生活越過越簡單，越來越注重健康養生，我的敘事工作也自然地走向某種靈性洞察，如今回想，或許都要歸功於這場惡疾吧。

是的，那一年，我深受坐骨神經痛之苦，這件事，雖然已經過去十年，但那個「痛」，卻記憶猶新，歷歷鮮明。

始終相信：「沒有一件事的發生是意外、是偶然的，一切的發生都有它的意義。」也因如此，讓我此刻想好好說這個故事，想把這個經驗「認回來」，看看其中之於我的意義為何？

如今，重新再去「凝視」這個獨特的經驗，把一些「不可說」或「說不清楚」的東西，嘗試去說清楚、講明白，於是，這才發現：當年的病痛其實是神賜的「恩典」。

當我透過敘說再去「經驗」這個神奇經驗時，我在那個痛裡，找到了許多顆「珍珠」。

唉呦，雖說是恩典，但請相信我，在那個痛的當下，你絕對不會相信它是禮物的，它其實更像是一場夢魘。

十年過後，再說這個故事，於是明白：原來這件事，是我生命中所發生最美好的一件事。不信，你聽聽看就知道。

意外的人生，變調的生活

那一年，我常常是半夜痛醒的。

我的脊椎、腰椎到大腿、小腿那一整條的神經，一直抽痛著。那是一種無法言喻的痛，彷彿你整個人要崩裂、瓦解開來一般。我動彈不得、痛不欲生，在痛裡有一種叫天天不應的深深絕望。

在痛中，什麼也不能做，我只能忍耐，等待天明。此刻才發現，時間怎麼過得這麼慢？漫漫長夜，竟是如此煎熬，感覺活著根本是受罪、甚至是多餘。

清晨起床，又是一大考驗。

光是要起身，身體就得緩慢地左挪右移，每次都要費好大的勁，才有辦法下床。

有時早晨醒來，發現今天的痛好像比昨天「少一點」，我會立刻像中樂透般開心不已，並在心裡大喊：「阿門。」（雖然我不是教徒。）

我眞不知道該怎麼去解釋那一年病痛的遭遇，反正「坐骨神經痛」這個不速之客就這麼意外地出現在我的生活中，叫我痛不欲生，讓我的人生變了調。

將近十五個月的「痛」，眞是要命。

如今驀然回首，恍如隔世，卻又歷歷在目。

如果不生這場病，我絕對無法體會：原來，健康不是那麼「理所當然」。如果不生這場病，我絕對無法感受：人可以健康活著，其實就已經是最美好幸福的事了。

過去的我，從未對自己能夠輕快地走路、可以一覺睡到天亮，這樣的平常事感到高興或感恩。我跟大多數人一樣，每天揮霍著健康，並天眞地以爲，我會永遠這樣健健康康活一輩子。

我從沒有想過：我會有生病的一天，而且，會痛到動彈不得的地步。「老天爺啊，你在跟我開什麼玩笑!?」我怒吼著。

當年，我剛過四十，正值壯年。壯年耶，想不到我的壯年如此悽慘。面臨惡疾，我的身體當機了，有如墜入深淵絕境中，讓我感到驚恐萬分。

如今回想，這絕對是個「創傷經驗」。它不只是身體的創傷，更是心理的創傷。痛，不只是改變我的生活，更改變我的心理狀態，摧毀我的意志，讓我看見自己生命的脆弱與無能。我既驚恐、又害怕，同時也很不甘心。

後來才明白，其實我恐懼的，是死亡。

「無常」，才是人生的眞相。但是總要等到遭逢困頓時，人才會深刻體會到這個道理。在「不痛」的時候，我們早已忘了。

人總是天眞，總以爲日子可以永遠「不變」。

我們忘了，花開花落，月圓月缺，身體也隨著歲月的循環而日益耗損，人跟大自然一樣，其實隨時都在「變」，但我們覺而不察。因爲，太忙了。

其實我不是突然生病的，我必須承認。

那幾年我眞的很忙。「忙」字，「心，亡」也。確實。那幾年我做了好多事，讀書、念研究所、工作，一直到處移動，忙到無法停下來，好好過日子。當然，也無法覺知到自己身體的變化。

那幾年，我是用頭腦在過生活的。

我失去了知覺，無法感受。

我經常腰痠背痛，卻還坐在電腦桌前打報告；經常累到眼睛都睁不開了，卻還不去睡覺。爲了念書、寫論文、帶團體、做諮商，我幾乎忘了生活、忘了自己。

從世俗的觀點來看，我活得既充實又有成就，其實那是靠意志力撐過一天又一天的，我老早就忘了生活的甜美滋味。

如今回看，那時的我只是一部機器，一個只會工作的「機器人」，每天活在無數的「待辦事項」中，無知覺地操作自己的身軀，這絕對是一級自我虐待。如今看明白了，驚訝又心疼當年的自己。

直到這個「意外」發生，才叫我覺醒。（其實它一點都不是意外。）這個變調的人生，叫我苦不堪言。但在痛苦中，卻讓我找回了感覺。活得不痛不癢時，人根本就是行屍走肉。

要不是這個「巨痛」，我根本無法慢下來，甚至停下來。你知道以前我走路有多快嗎？

人生眞的很諷刺。沒有這樣的劇痛，我就無法找回自己，找回生活的秩序，找回「活著沒病沒痛，眞好」的感覺。

「人是靠失去而獲得」，果眞不假。唉，請原諒我這麼說：人性本「賤」。

當痛來臨時，一切都可拋

當「痛」來臨的時候，我經常癱在那裡，什麼事也不想做（事實上也不能做什麼）。整個人，像是沒插上電的電器一般，動彈不得，一點動力也沒有。但這又不是沒感覺的那種癱，其實我是必須把所有的力氣都集中在「對付」那個痛。相信我，如果你每天活著，都只是為了應付身體的痛，這樣的日子，絕對會叫你沮喪到想去死。

在劇痛的當下，所有的一切，都是可以拋棄的。

每天，我跟老天許願：只要祂可以免除我的痛，我願意用我所有的一切來跟祂換。這是真的。於是，我終於可以理解，為什麼有人會「病急亂投醫」，如果沒痛過，你絕對無法理解「無痛就是幸福」的道理。

望著窗外灰濛濛的天空，此刻，我只想換回我的健康。

真的，我什麼都不要，一切都可以拋棄，我只要：不痛。

在痛中，你唯一想到的事就是：如何可以減少一點疼痛。

那一年，我每天的生活就是去診所做復健，每次去都要花近兩小時。然後，一聽說哪裡有名醫就趕快跑去看，除此之外，對所有事物幾乎都失去了興趣。

我幾乎沒有動力做任何事。那一整年，我的生活幾乎癱掉。

我喜歡游泳，但那一年，我幾乎沒去游過泳，甚至連平常喜歡的散步，都意興闌珊。對於自己熱愛的旅行，更得放棄，我連坐著都會痛，你說我怎麼可能有心情去旅行？

痛，使我「窒礙難行」。那一年，我被「困」在痛裡，動彈不得。

人際方面，朋友的聚會我越來越少參加，有時就連朋友來電問候，都讓我感到負擔，我根本沒有力氣去應付對方的好意，只想早早掛上電話，上床休息。

漸漸地，我發現：失去了健康，彷彿我也失去了一切。

這讓我十分憂心與恐懼，但如此的擔心卻又讓我變得更加沮喪，我不知道，這樣揮不去的夢魘，何時才是終點？

每天在痛裡打滾，跟痛打交道，我的情緒變得越來越糟，快樂如天上的流星，早已離我遠去。我甚至懷疑，那時候我是不是也得了憂鬱症？根據研究，久病不癒的人，很容易患憂鬱症。

如今，如果我可以比較同理生病人的沮喪心情與「壞脾氣」，這都要感謝當年這個惡疾給我的折磨。

一開始，我把「痛」當敵人，我每天奮力對抗它，但我總是輸，總是被打得鼻青臉腫。

當時，對抗「痛」的唯一方法，就是吃止痛藥。雖然早知道止痛藥就是類固醇，傷肝傷腎，根本治標不治本，但在劇痛中，你管不了那麼多了。此刻，只要不痛就好。

但不知道何時開始，我漸漸開始接受：痛是正常的。

當我試著跟「痛」成爲盟友，試著接受它、不再跟它對抗時，反而比較不痛了。（不過，這是等到痛過半年之後，才會學到的領悟。）

聽來弔詭，但卻是眞的。當我不再對抗痛、抱怨痛時，痛對我的影響就減少一點。

當然，所謂的減少一點，並不是完全「不痛」了，還早呢，其實還是一樣痛。只是，當我願意接受「我可以痛」時，我的心情似乎變得平穩了一些，重點是心情的變化。

以前我總是抗拒。在痛中，我會大聲詛咒老天、詛咒疼痛，但如此的詛咒，只會叫我的心情更加惡劣、更加動彈不得。於是，**我漸漸學會了：閉嘴，讓自己安靜，安靜在痛裡。**

這個痛，叫我學習：接受、臣服。我想，這就是上天給我的功課吧。

原來，「同理」眞的是一件很難的事

每次掛完朋友的問候電話，我的心情都十分沮喪。

明明知道朋友是關心我，想了解我的病情，但我卻常常有一種「不知道該怎麼說」的窘況，單單一個「坐骨神經痛」的醫學名詞並無法將我的痛給完全「解釋清楚」，儘管我再怎麼描述，我知道，聽的人一定似懂非懂、完全無法領會我痛苦的十分之一。

其實，在病痛中的身心折磨與艱苦，有時是連自己都講不清楚的。言語其實是有它的限制，現在完全體悟。

久而久之，對朋友的關心問候，我漸漸失去了耐性。

「你怎麼會這樣呢？」這個問題叫我無從答起，甚至連我自己也不知道。

「怎麼年紀輕輕就得這種病？」這樣的話，讓我感覺被指責，好像我沒把自己照顧好，才會讓自己生病。（你以為我願意啊？）

「有沒有看醫生？是看中醫還是西醫？」當然有，不然早痛死了，不過我不想把我的就醫史重新報告一遍，沒力氣了。

漸漸地，不再跟人家講我生病的事，以免必須重複回答那些對我一點都沒有益處的問題。當下，既孤單、又無奈。

於是，我漸漸明白並接受一件事：原來，生病這件事，只能一個人，獨自承擔。

天啊，同理眞的是一件很難的事。

如果你天眞地以爲：「語言抵達之處，就是生命抵達之處。」那就表示，你根本沒有痛過。

有些經驗，是語言無法傳達的，更是無法用語言去同理的，請相信我。

我曾幫一本新書寫序（《聆聽疼痛：為痛苦尋找話語、慈悲與寬慰》），這本書是在講疼痛經驗，誠如書上所言：

我無話可說。事實是，當一個人在劇烈疼痛時，他是無話可說的。在那樣的時刻裡，我們完全孤立、與世隔絕。只有在事後——幾個小時、幾天、幾週，甚至是幾年之後——語言才重新變得可能。

完全正確，此話講到我心坎裡。

我知道朋友想關心我，想爲我做點什麼，但是，爲什麼他們給出來的語言，總叫人感到沉重、負擔、無言？

如今回首，我才明白這是怎麼一回事。

原來朋友那些問話都是一種「左腦」思維，什麼是左腦思維？據稱左腦的功能是屬於「邏輯、分析、理性、判斷」，換言之，那是一種「問題解決」的思維，也是很「doing」的思維。依照布魯納（J. S. Bruner）的說法，他稱之爲「命題性的思考」（propositional thinking）。這樣的思維是理性的運作，急於想解決問題，卻無法貼近人的感受，理解人的情緒與需要。

原來如此，那要怎麼樣才能做到眞正的同理呢？

布魯納在晚年提出所謂「故事性思維」（narrative thinking），那是一種比較運用「右腦」的思維，右腦的功能是「情感的、情緒的、直覺的、創造的、美學的、藝術的」，就是所謂的「being」。being是一種生命純粹存在的狀態，它不是運用頭腦、沒有企圖心，那是一種專注當下，用整個感官（甚至身體）去感覺、去感通別人的全心全意狀態。

喔，懂了。

我的敘事教學，其實就是在幫助人從左腦回到右腦。我常說：「只有生命可以抵達另一個人的生命。」就是這個意思。唯有處在「臨在」（being）的狀態，人是才能去感通、理解他人。「無法理解，就無法幫助。」理解能力，其實就是助人能力。

我眞的不怪朋友無法同理我，這不能怪他們。我們的左腦會越來越發達，這跟我們從小的教育及文化有關。在科學、理性的教育裡，我們一天到晚只被教導要如何去「解決問題」，而不是去「理解他人」，不是嗎？

這讓我想起另一本書《暗潮下》。作者馬大．曼寧是一個執業的心理醫師，這本書在講她自己從事心理工作的故事。

馬大是一位很有反思的心理醫師，她坦言，唯有當自己也遭逢憂鬱症之苦時，她才眞正體會到：以前她治療個案所遭逢的身心苦楚，是如此艱難與不堪。

書中，有一段故事是這樣的。

有一天，一位與她晤談了一段長時間的癌症病人因腫瘤復發又住院去了，當時她跑去醫院探望這位個案，個案問她：「你知道你曾對我說過最棒的一句話是什麼嗎？」當時馬大醫生很努力搜尋所有的記憶，想找出曾經對個案說過的智慧話語，但腦中卻是一片空白。

此時，病人轉過頭看著她，給出線索：「你還記得當時我打電話給你，告訴你我癌症又復發時，你對我說的話嗎？」馬大再度努力回想，還是想不出來。

病人只好公布答案：「你哽咽了半天，然後說：『這實在太慘了！』」

這個回應帶給馬大醫生極大的震撼與顛覆。

她在書上如此反思著：「我在心理治療領域接受了這麼多年的專業訓練，也累積了不少臨床知識經驗，但是，對這個垂死的病人而言，這幾個月的治療效果，竟然比不上『這實在太慘了』這句同理的話。」

是的，沒錯。

我的經驗也是如此。那一整年眾多來電關心的朋友中，唯一最能同理我的話，就是那句：「哇，太慘了，好辛苦。」而能夠說出這樣話的人，大多是有「痛」過的人。

跟馬大醫生一樣，這個病痛經驗，讓我對生活在劇痛中的人，長出更多的同理心。「唯有痛過的醫生，才能治療病人。」此言果真不假。

痛，不管是生理或心理上的痛，其實都一樣難當、一樣折磨人。

在痛的煎熬中，人會產生莫名的自我質疑、批判、沮喪、絕望，這樣的心情，絕非外人所能理解。

所以，現在的我也絕對不會輕易去對我的案主說出：「我了解你。」這樣膚淺自大的話語了。

在無望中，尋找生命的意義

那一整年的「痛」，如今回首，彷彿惡夢一場。

漫漫長夜裡，我經常憂心著：「我會不會好？什麼時候會好？」有時，甚至擔心這場惡夢會不會有醒來的一天？

一連串生命的未知及無解，把我推向無涯的深淵，叫我感到茫然、恐懼、挫折、絕望……

恐懼中，我沮喪又憤怒，經常跟老天爺抱怨：「為什麼這種事會發生在我身上？」

但不管怎麼抱怨，老天爺就是不回應你，一次也沒有。

於是，我只能繼續在抱怨中，絕望地度過每一天。

直到有一天，我不再抱怨了。我改口問老天爺：「如果每件事的發生都是有意義的，那麼，這場病痛，你究竟想要教我什麼功課呢？請告訴我。」

問「對的」問題是重要的。

當我改變方式與心態去向老天發問時，漸漸地，即使在痛中，我卻感到一種莫名的平靜。

當我學會祈禱、發問，而不是抱怨時，我的痛不再只是痛，我的生活漸漸出現了新的轉折。

經歷過痛苦的人，一定會走過這幾個階段：從一開始的「否認、抗拒、抱怨」，到最後的「接受、臣服」。我也一樣。

「我怎麼可能會生病？」一開始我也是否認的。到最後連治也治不好時，我就開始抱怨老天：「我都這麼努力做治療了，怎麼都沒有好？」

問題就是我「太努力」了。但當時的我，卻看不見。

偶而抱怨，無可厚非，因爲我也是人、也有情緒。但持續地怨嘆，根本無助於病痛的減緩，只會讓人陷入更大的沮喪而已。

於是，漸漸地，我學會閉嘴。

我寧可把力氣放在「我還可以爲自己做點什麼，來減少一些疼痛」。甚至，我會安靜下來：凝視自己的身體、凝視那個痛。如靈性大師巴觀（Sri Bhagavan）所言：「看見，就好。」

在安靜的凝視中，我紛亂的心，漸漸平靜。

半年過後，我疼痛依舊，但我的心與生活，卻如激盪過的浪花，逐漸安穩。每天的復健對我不再是負擔了，我當作是去做休閒運動，心情輕鬆許多。偶而的漫步河堤（眞的是「慢」步，因爲走不快），望著天邊紅通通的夕陽或溪邊快樂戲水的水鳥，這些小確幸都帶給我極大的喜悅與撫慰。甚至，有時連春天路邊綻放的小花，都會叫我驚喜開心一整天。

太好了，我活過來了。

在艱苦中，人往往都會想要尋求苦難的意義，我也是。然而，這個意義，當在苦難進行中，根本不易尋得，那時，我們只看得見痛，看不到意義。意義，往往得在日後的驀然回首中，猝然乍現。

病痛一年後，我的身體與知覺逐漸復原，生活模式也大大做了改變。於是這才驚覺：原來這就是病痛想要帶給我的禮物。痛的「意義」，忽然乍現。

接納生命中的每個發生，「是什麼，就是什麼」

在痛中，日子是如此漫長又絕望。

漸漸地，我不再問：「為什麼會這樣？為什麼是我？」我也不再期待奇蹟會有出現的一天。期待，怕只是換來更多的失望與絕望而已。

經歷了長期的「拖磨」之後，我開始「認命」了。

認命地接受這個發生，認命地去接納：生命就是如此。生命就是無常、不可預測、無法掌控。

我甚至放棄了：我可能會變好。

奇怪的是，這樣的放棄，反而叫我感到「安在」。我安在我的痛裡，不再抗拒。在放棄裡，卻出現一種平安。

在痛裡，叫我體悟到：自己如此卑微、渺小、脆弱。

過去，我是如此狂妄自大，自以為我可以「控制」生命，簡直無知愚昧。

感謝這個病痛，讓我學會：臣服、謙卑。

原來，面對所有事的發生，我只要順著「生命的河流」走就好，不用抗拒。自然而然，它自己會流動、會載著我到我該去的地方。

當生命是什麼，就是什麼。我們只要接受，也只能接受。隨順生命，「道」就在其中。忽然有點明白。

從抗拒、無奈到接受這個「痛」的過程，是一個療癒過程，更是一個修行歷練。我的生命，在痛中蜿蜒轉折，抵達另一種風景。

我也不知道該如何去說明這個轉折，或許生命就是「窮則變，變則通」。生命本身其實就具備了療癒的力量，只是需要時間罷了。

一開始，我盡一切力量，想要「變好、變不痛」，但當我盡了努力都還是無效時，我變得沮喪，像洩了氣的皮球一般無力。最後，我只好放棄，向生命投降。

後來，我不再想「病何時會好？」甚至，我開始接受一個事實：「它可能會跟我一輩子。」我接受了可能的最壞情況。

接受之後，我問了自己一個問題：「如果它會跟我一輩子，那以後我要怎麼跟它相處？」

這是個好問題，它幫助我更加認命。

當我放棄控制，放棄「一定非得要怎樣不可」的我執時，突然間，我自由了。我的身體，也開始鬆了。

放鬆，心才能安歇。於是，我開始書寫。

我開始寫著我的「疼痛日記」。透過書寫，我凝視自己的身體、心情與痛，漸漸地，心也更加平靜些。

當我只是「關照」自己身心的變化，不再強求它要變成怎樣時，我反而有一種莫名的平安。「它是怎樣，就是怎樣。」這樣的全然接受，讓我可以活在當下，不再憂慮未來。

「現在，我只要每天老老實實去做復健就好了。一切，就交給老天爺吧。」我跟自己說。

生病，使生命轉彎

是的，過去的我太想要掌控、太害怕失控了。

難怪我天天操勞、焦慮不安。如今身體當機了，這就是一種失控。身體透過生病，其實是在提醒我們：「你的生活已經失控、失衡了。」不是嗎？我其實是要感謝這個病痛的，它讓我看見一些「我看不到的東西」。

感謝病痛，讓我的生命轉彎。雖然我是被迫轉彎的，但若非如此，我的生活大概會繼續一成不變，繼續衝、衝、衝。

過去的我，像個急驚風，走路快、吃飯快，現在的我，終於可以緩下來了，生活舉止變得從容許多。

當我去做復健時，偶而會帶一束野薑花去跟診所的人分享，跟那邊的復健師也是有說有笑的，我成了那邊最受歡迎的病人。偶而到外地工作沒去做復健時，隔天他們一定問我：「你昨天怎麼沒來？」哈，能夠被人如此期待，是開心的。

當我跟自己有了連結以後，我也逐漸跟人有了連結。

榮格說：「唯有在生病之後，我才了解順服自己的命運是何等重要。」

榮格在他的自傳裡提到：自從他生病之後，反而工作更有創造性、生命也更加深刻開展。確實，很多人是透過疾病來讓自己重生的。生命得先「破碎」，才得以「重生」，我亦如此。

回想以前，我騎車時，眼睛總盯著遠方的紅綠燈，總想在變紅燈前趕快衝刺過去。但現在，我騎車速度變慢了，眼睛盯著的，不再是遠方的紅綠燈，而是眼前的馬路，我深怕路面凹凸不平的坑洞，會震痛我的腰。

我雖不常熬夜，但平時晚上也總是東摸摸西摸摸，到十二點過後才能真正上床睡覺。然而，在病痛中的我，通常到了晚上九點過後就準備就寢，我從來沒有這麼規律過。

現在，只要感到身體疲累了，我就休息。我開始「允許」自己可以休息，不再硬撐、也不需要有罪惡感。我學會了「放過自己」。

現在的我，越來越享受簡單生活。一般無謂的社交應酬，能省則省。我寧願把時間拿來散步、做一頓營養豐富的早餐、閱讀一本好書、或乖乖地靜坐、甚至看著夕陽發呆。做這些事，都讓我感到身心平和、平靜喜悅，也讓我跟自己的內在產生深度連結。

我的改變，不只如此。我的飲食習慣，也逐漸改變中。

過去，我總是「來者不拒」，盲目地吃，好吃就好，甚至吃到飽、吃到撐。

現在，我盡量選擇乾淨、不加人工添加物的天然食物，我吃得很簡單，而且完全根據身體「當時」的需要來吃東西。

我不再「定時定量」，而是餓了才吃。要吃多少完全視身體的需要而定，而且是「有選擇性、有知覺的吃」。漸漸地，我越來越能享受食物的天然味道，現在，連啃一根紅蘿蔔都覺得清香可口。

當我慢慢找回自己的「味覺」，並且能夠好好品嘗出食物的好滋味時，我漸漸覺得：活著，是一件不錯的事。我開始微笑，並感到幸福。

改變飲食，是改變生活的重要一步。改變了飲食，身體能量就漸漸復原。有了體力，我也開始恢復以往的運動喜好了。

現在，我幾乎每天游泳、靜坐、自由書寫，安靜傾聽內在與身體的聲音。

我發現：「只要能夠傾聽內在的聲音，怎麼做都對。」

我也發現，身體其實是很有智慧的，它知道怎麼做對自己最好。過去我對待身體的方式，只是把它當作工具，粗暴、物化地使用它，眞慚愧。

身體不是我們的工具，它是靈魂的殿堂。如果這個殿堂沒有清理乾淨，靈魂是無法安住其中的，如今明白。

在每天的自由寫書裡，我覺知著自己、感受一種單純的存在。書寫，讓生命裡「不可說」的幽微經驗，被看見、被理解，於是生命慢慢給出某種「透光的明白」。**通過語言，我詮釋著自己的存有，同時也在理解自己、感受自己。**

從苦難中，學習感恩

經歷了一個春夏秋冬的輪迴，今年，在木棉花開的暮春裡，望著藍天裡隨風飄盪的白棉絮，我的心，也感染了那份輕盈與自由，我的生命變得流暢許多。

現在，當我可以自在地「坐」在書桌前看書，或可以「站」著講課而不會感到痠痛，甚至可以稍微輕快地「走」路時，心中竟然升起煦煦的感恩之情。

這些，在以前被我視為稀鬆平常的事，現在的我，不再視為「理所當然」。真的，如今只要可以這樣「無痛」地坐著、行走、站立，對我而言，都視為是一種奇蹟，都是「恩典」，我滿懷感激。

這次病痛經驗，讓我對生命有了全新的體悟。如今，我更加珍惜生命的健康與擁有，並覺得人可以「無痛」地活著，其實就是莫大的幸福了。

經歷劇痛後，如今我的身與心，都變得柔軟許多。過去的我，總是剛強。我對自己很嚴苛，剛強是我前進的動力，我不想批判它。但我知道，現在與未來，我需要的不是剛強，是柔軟、是慈悲，老天爺透過生病，要讓我長出這些東西來。我知道。

現在，當聆聽案主的故事與苦難時，我經常會忍不住紅了眼眶。因爲那個痛與苦，我也有過，我懂得。

我老早就知道，我其實不需要當一個拯救者（過去，我老想把案主從困境中解救出來），但要如何去「欣賞」案主的生命及看待其生命「苦難」的意義，是我在經歷這次病痛之後，才學會的深刻體悟。

「我不能給別人我身上沒有的東西。」「只有受傷過的醫生，才更能醫治病人。」這些道理，如今深切體認。

驀然回首，在病痛裡，雖然經歷了無數暗夜的疼痛、恐懼、無助、挫折、絕望，如今走過，生命卻有如「絕地重生」般。

此刻，我的生命有如荒原裡開出的一朵美麗的花。這朵花，經歷暴風雨後，正盛大狂野地綻放著。

於是，讓我想起了《破碎重生》書裡的那句話：「每次遭遇內在與外在世界的改變時，我們的生命就會要求我們死去，然後重生。當再也沒有什麼可以失去時，我們會找到眞實的自我（無缺、豐足的自我），不再需要他人來定義自己。」

果眞如此，沒錯。

從「不可說」到「可說」，故事讓生命產生「流動」

對待生命，就得學會「走著瞧」的生活態度；

當我們走到無可避免的疾病之門，
依然有著滋潤內心的福祉。

十年過後，透過說故事，再次與當年的病痛相逢，如今回觀，如夢一場。它叫我深深體會：對待生命，有時就得學會「走著瞧」的瀟灑與臣服。

這次病痛的獨特經驗，讓我的生活與諮商教育工作都起了很大變化。我漸漸學會放鬆、學會「好好過生活」，並對生活中的小確幸，感到珍惜、感恩。

這是一個多麼痛的領悟啊。

如今回頭凝視，我不禁懷疑：是我治療了「坐骨神經痛」，還是「坐骨神經痛」治療了我？（哈）

從這個經驗中，讓我重新認識自己的身體、也認識自己。如果說，每個人都有一個屬於自己的「道」，需要去遵循、去領悟、去實踐，我懷疑：我的生病，是否就是我遠離了自己的「道」？或許，我得透過這場病，把自己的「道」給找回來。

同時，我也漸漸明白：人只要依循自己的「道」，生命自然就找到出口，人就可以活出生命的喜悅。如果人違背了自己的道，我們的身心都將因此騷動不安，永無寧日。

生活的目的，其實就是在幫自己找到「安身立命」之道。經由這樣的自我敘說，我彷彿更加體悟到：這個病痛發生在我身上的「意義」，是如此玄妙珍貴。說完故事，看見意義，所有的苦難，瞬間翻轉成為「恩典」。

當我重新「進入」這個病痛經驗中，反覆咀嚼、思量、反思，當中許多被遺忘的經驗與感受一一被我「認」了回來。

說著、寫著，我突然很感動自己可以走完這個歷程。

此刻，我彷彿是一位馬拉松選手，一路不停跑著、流著滿身汗水，堅持不放棄地跑完全程，在抵達終點的那一刻，雖疲憊抽筋，卻感受到生命一股強大的淬鍊與力量。此刻，我有一種想哭的衝動。

經歷了這場「人生戰役」，讓我對生命產生了無限的敬畏，也讓我更加珍惜自己所擁有的一切（包括健康、事業、友誼、親情）。

現在，我已經分不清楚「坐骨神經痛」到底是我的「敵人」？或者是我的「戰友」？或許這都不重要了，如今，更重要的是，我要如何從這場人生戰役中，學會「好好過生活」。

放輕鬆，「好好過生活」，這絕對不是容易的事。請相信我。

但這件事，對年過半百的我，是最重要、也是我現在最想學會的功課。

我深切知道，這個功課比起以前頭腦理性認知的學習，絕對還要難上好幾百倍。

以前，我是一個很努力、很認眞的人，我很會工作，但不會生活。我經常執著，一點都不放鬆。現在的我，如嬰兒學步，重新學習放輕鬆、學習「不要那麼努力」，這其實不易。但我發誓，我絕不再過以前的生活，我要「把自己愛回來」。

我的下半生，決心要過一個「不一樣」的精采人生，我想要好好「品味生活、享受生命」，這絕對是「必修」學分，我沒有退路。

經歷了這場病痛，它也重新開啓我新的人生。它讓我眞誠地面對自己，重新學會「好好過生活」，如此因禍得福，你能說，這不是恩典嗎？

療癒小語

§沒有一件事的發生是意外、是偶然的，一切的發生都有它的意義。

§人可以健康地活著，其實就已經是最美好的幸福。

§「無常」，才是人生的真相。但是總要等到遭逢困頓時，人才會深刻體會到這個道理。

§「臨在」是一種生命純粹存在的狀態，它不是用頭腦、沒有企圖心，它是一種專注當下，用整個感官（甚至身體）去感覺、去感通別人的全心全意狀態。

§在艱苦中，人往往都會想要尋求苦難的意義。然而這意義在苦難進行中，根本不易尋得。

§面對所有事的發生，只要順著「生命的河流」走就好，不用抗拒。自然而然，它自己會流動、會載著我們到該去的地方。

§生命本身其實就具備了療癒的力量，只是需要時間罷了。

§身體不是我們的工具，它是靈魂的殿堂。如果這個殿堂沒有清理乾淨，靈魂是無法安住其中的。

§人只要依循自己的「道」，生命自然就找到出口，人就可以活出生命的喜悅。

第二章

美好的生活是一種選擇

人生無奈，但有選擇。

只要你敢要、敢選擇，

幸福就是你的。

1 你真的愛自己了嗎？

表面上看起來是「認真、負責、不放棄」，
事實上是「貪心、恐懼、不愛自己」。
人不能騙自己。要不是生病，我永遠停不下來，
也永遠看不見生命「底層」的自己。

我一直以爲我夠愛自己了，其實不然。

生了這場大病，才讓我發現：其實我根本不夠愛自己。

羅馬不是一天造成的，人也不會突然生病（尤其是慢性疾病），如果你不愛惜身體，長期忽略它、糟蹋它，身體自然會衰敗給你看，這是自然的道理。

身體其實有它自癒的能力，你只要每天睡眠充足、休息足夠、飲食適當、經常運動，保持身體健康絕對不是難事。但人就是這樣，「道理都知道，就是做不

到」。

越是簡單的事，我們越做不到。爲什麼？因爲「習性難改」，因爲人不夠愛自己。我說的是我。

生病後，我深刻反省：爲什麼我會生這場病呢？理由很簡單：我太忙了。忙是一種習性。我做太多事情了，我沒讓自己好好休息，這就是不愛自己。

回首那幾年，從碩士一直念到博士，邊念書、邊工作，經常東奔西跑，每天像陀螺般，轉個不停。表面上忙得充實，看起來風光，雖也小有成就，但如果你問我快樂嗎？其實也還好耶，不能說不快樂，但當你疲憊時，是絕對不可能快樂的。

人很貪心。當年一邊念書、想趕快畢業，同時又一邊工作，蠟燭兩頭燒，我的能量自然消耗殆盡。

那幾年我的生活老是被許多「待辦事項」追著跑，每天都在「達陣」中度日，心跳經常很快、呼吸很淺，甚至有時胸口悶。

後來我把這些症狀說給朋友聽時，這才發現：好多人其實都跟我一樣。這是現代人的文明身心症狀，大家的生活壓力都很大。

壓力大是因爲太忙，我們要做的事太多了，這是現代人共通的宿命。無解。**忙碌的表象是「認眞、負責、不放棄」，事實上是「貪心、恐懼、不愛自己」。人不能騙自己。要不是生病，我大概也永遠停不下來，永遠看不見生命「底層」的自己。**

什麼是生命底層的自己？就是人內在深處所隱藏的動機、恐懼與習氣。

我雖比一般人勇敢，敢去做我自己喜歡的事，但有時，我也很軟弱。

那些年很多的工作邀約，我幾乎是來者不拒，爲什麼？不是爲了錢，是因爲我不敢拒絕別人，我不想讓別人失望。

我內心的聲音總是：「別人是看得起你才找你，你怎麼可以拒絕呢？」

有時候，我把自己看得太「大」了，以爲：我很重要，別人沒有我不行（哈，這絕對是自大，沒錯）。

又有時候，我又把自己看得太「小」了，好像我理所當然應該去配合別人，去滿足別人的期待。

不管是把自己看得太大或太小，最後的下場都一樣，把自己累個半死。這就是——不愛自己。

過度操勞、身心疲憊，幾乎是現代人的通病，我也是如此。活在功成名就的「成就模式」裡，每個人面前都掛了一根「胡蘿蔔」，讓你不由自主地往前走，我們都是那頭「不斷往前、停不下來的驢」。你不用否認。

但這不能怪我們。

主流價值標榜的成功、競爭、名利、成就，誰能抗拒？我們總被期待要「加油」，而不是「踩煞車」，不是嗎？爲了那根「胡蘿蔔」，我們被迫一直往前。再仔細看看我的父母，他們都是這樣的人：認眞打拚、工作努力。我不是說認眞不好，但當「工作」的價值高過一切時，生命就被扭曲，人就被物化了。

一旦人成了工作的奴隸，就會變成沒感覺的機器；當活著只有「責任、義務」時，生活就會變成「只有一種顏色」，這樣活著很無趣，缺乏美感。

爲何我們需要活得這麼努力?仔細辨識:努力的背後,心裡面最底層所潛藏的,難道不是「恐懼」嗎?

人的生存焦慮,無所不在。

這樣的生存焦慮,是一種社會集體潛意識。這是社會所「建構」出來的恐懼。我一直以爲我活得夠灑脫,沒有生存焦慮的問題,其實不然。

我發現:在我的努力裡,其實也遺傳了父母的「生存焦慮」。內心深處,其實有一個我,也期待功成名就、也希望獲得別人的認同與讚賞,不是嗎?我承認。

我的個性很急,在這個「急」裡面,就有功利,甚至充滿「恐懼」。那是一種「害怕事情沒有做好」的焦慮。它潛藏在我身體裡,時時偷襲我,這種「習慣性的焦慮」,在我父母身上隨處可見。

感謝上天,讓我生病,於是我才得以慢下來,可以看見我的急。如果不看見,我永遠無法擺脫這個「急」病。

現在,我終於慢下來了。但你知道嗎?要變「慢」,比變「快」更難。不信?你看你是怎麼走路的就知道。我們早已習慣快速了。

快、急、多，幾乎是現代人的生活寫照，這同時也是效率與成功的代名詞。成功沒有不好，但我越來越懷疑：爲了快速成功而犧牲生活的美好，這樣值得嗎？這樣的成功，還算成功嗎？這樣的成功，帶給我們的是幸福？還是災難？

其實我根本不愛自己。如果我愛自己，我絕對不會拿健康來換取虛幻的成功。如果我愛自己，我會讓自己過更有品質、更有質感的生活，而不是每天在那裡「衝、衝、衝」，不是嗎？

做爲一個心理師，如果連我自己都不愛自己，我如何教會別人這件事？那是虛僞。我不想做一個虛僞的人，我要做一個眞實的人，我要愛自己。

2 學會好好陪伴自己

當我打定了主意「今天我要好好陪伴自己」時，
我發現，光這個念頭，
就足以讓我快樂飛揚起來。

「我的工作就是在陪伴他人的生命，但我有沒有好好陪伴自己，讓自己過得開心滿意呢？」有一天，我突然想到這個問題，並認眞地問自己。

那天傍晚，剛從高雄帶完私塾，我要回到台中溫馨的家。

坐在高鐵上，心情平靜，身體卻感到疲憊。我安靜回想著今天的工作，並爲今天團體裡所發生的故事深受感動，但同時，也爲自己今天能夠做到如此深度的療癒工作感到自豪與滿意。

是的，我今天做了很棒的工作。我讓每個生命被深深聆聽、彼此溫柔陪伴，在充滿愛的能量裡，有些人被深深療癒了，我知道。

此刻，我得去學習「欣賞」自己的努力，而不是光把它當作工作或責任來完成而已，這是我這些年在學習的功課。

相信我，「欣賞、感謝自己」，這些從來不是我的專長。

過去，我很少這麼做。我不會欣賞自己是很正常的事，別忘了我們的文化是怎麼教我們的：做人要謙虛，不能驕傲。記得嗎？

況且，我的父母親也沒給我這個範本。他們一生努力工作，但我卻很少看見他們去欣賞自己的努力或感謝自己。工作，對他們而言，是責任、是義務，是迫不得已、是理所當然。我很少看見他們因工作而感到喜悅或心滿意足，相反的，我總看見他們在抱怨、責備（不是指責自己，就是責備孩子）。

不開心，就不要做。我不想跟我父母一樣，我不想去複製他們的人生。但天曉得，要擺脫父母的模式，有多難啊？這絕對要花上我一輩子的時間。

相信我，要學會「讓自己快樂」，真的很難，除非你有這樣的父母（如果有，那是你上輩子有燒香，恭喜你）。

我的工作就是在化解他人的憂愁與痛苦，這幾年，我越做越得心應手，別人總對我讚譽有加，但我卻很少去欣賞自己，我總是在「反省」自己：哪裡還做得不夠好。我是一個良心過剩的人。

我發現：比起欣賞自己，批判自己對我來講容易許多。對我自己最不滿意的人，其實就是我自己。我們不容易欣賞自己，是因爲這不是我們的「文化」。

這幾年，我的反思漸漸轉向。我漸漸從「批評」轉向「欣賞」，從「努力要一百分」轉向「盡力就好」，這都要歸功於敘事。敘事教會我一件事：去看人「有什麼」，不是看人「沒有什麼」。現在，我經常會跟自己說：「志建，你夠好了。」

現在，每當我做了不錯的工作時，我都會發自內心去感謝自己，並用某種形式來慰勞自己。例如：買件自己喜歡的衣服，或吃一頓豐盛的美食。當我這樣做時，會讓我覺得：「我的努力是有報償的，我是值得的。」

當我如此善待自己時，讓我感覺：我不再只是一個工作的機器。

我們不能給別人我們身上沒有的東西，如果我無法欣賞自己，那麼，我也無法眞正去欣賞別人。漸漸地，我知道，除非我學到「愛自己」這件事，否則我無法教會任何人愛自己。

今天，坐在高鐵上，望著自己疲憊的身體，我心平氣和地跟自己說：「志建，辛苦了，恭喜你今天做了很棒的陪伴工作。」不管是我的諮商或教學工作，我定義我所做的事，其實就是「陪伴」而已。但如果我想要好好地陪伴他人，我更當先好好陪伴自己，不是嗎？

能夠「好好陪伴自己」，絕對是一種能力，這是自愛。

愛自己這件事，我們得重頭學起。過去，父母沒教過我們這件事，現在，我們得自己教會自己，這是我們的功課。

當天晚上，我帶自己去吃一家有名又好吃的鵝肉麵，回到家、洗完澡，我早早就上床睡覺了。

隔天，我被窗外啾啾的鳥叫聲給喚醒，心中一陣愉悅。

我是一覺到天亮的，而且足足睡了九個小時，此刻，我的身與心都感到很滿足，像手機充飽了電一般。

當我躺在床上，張開眼睛的那一剎那，第一句話我就問自己：「寶貝，今天你想吃什麼早餐？」

不要懷疑，我是「寶貝」。

然後，我馬上有了靈感，後街那家優雅的咖啡廳，裡面有豐盛的養生早餐。水果、沙拉、煎蛋、烤純麥起司土司、香醇豆漿，都是我喜歡的。

當我打定了主意「今天我要好好陪伴自己」時，我發現，光這個念頭，就足以讓我快樂飛揚起來。

那天早上，我幾乎像小孩子般從床上彈起來，開心地迎接這「寵愛」自己的一天。原來，好好陪伴自己，是件如此美好的事呀。

療癒小語

§ 我們不能給別人我們身上沒有的東西，如果我無法欣賞自己，那麼，我也無法真正去欣賞別人。

3 五十歲以後的人生

五十歲以前，我總是瞻前顧後、謹慎小心、害怕失控。
五十歲以後，我想要大膽、恣意過自己想要的輕鬆人生。

有時候眞難想像，我已經活到五十歲了。天啊！儘管外表看不出來，但在地球上存活了五十年的事實，是不會改變的，人不能騙自己。

有一年深秋，我漫步森林裡，那天微雨，眼前的大山被裊裊的山嵐給圍繞著，飄渺、極美。

走在雲霧繚繞的大山裡，我突然意識到：「喔，我快要五十歲了！」心裡大吃一驚，像是被草叢裡突然冒出來的青蛇給驚嚇到一般。

然後，停下腳步，我怔怔看著眼前朦朧的青山。此刻，我的人生跟這座山一樣，飄渺、模糊。

我停在那裡，等待雲霧散去，我想看清楚這座大山。其實，我更想看清楚自己的人生。

冷冷的雨絲打在我的臉上，涼風吹過我的臉龐，我逐漸清醒。

我看見，五十歲以前的人生，我都在努力打拚、獲得，那是一種「累積」的人生。

我還是很感謝過去那個努力、打拚、腳踏實地工作的自己，這樣的我，讓我擁有專業的助人能力，讓我生活安定、經濟不虞匱乏。

但是，我也在問自己：「五十歲以後，我的人生還要這樣過嗎？難道我還要這樣繼續努力累積嗎？」

我的心跟眼前的大山，不約而同地回答我：「不，你該停下來。你該去做點別的事、好玩的事了。」

本來就是。人生每個階段，要做的事情都不一樣。這件事我早已知道，只是停不下來。

然後我繼續問自己：「我最想做的好玩事是什麼？什麼事是我現在不做，以後會後悔的呢？」

其實，只要安靜下來，誠實面對自己，答案一清二楚。

這兩年，我寫作、出書、旅行、靜坐，這些就是我想做的事。期待生命可以從忙碌的繁華絢爛中歸於平淡簡單，這是我要的。

去年深秋，我把自己帶到京都去賞楓，置身在萬紫千紅的楓葉林裡，彷彿到了天堂。今年春天，我再度前往京都賞櫻，在雪白的櫻花樹底下，我擁有了最純靜美好的高峰經驗，度過了今生中最美好的春天。

旅行，開展我的生命。在大自然中行腳，讓我感到踏實。做這些事，讓我感覺到：活著眞好。

突然間，我意識到：五十歲的我，生活得做個「大轉彎」。意思是，我得「革」自己的命。我要改變，我要讓自己活得更快樂。我的生命不只如此，我值得過更精采的生活。

兩次京都心靈之旅，都叫我驚訝地發現：

五十歲以前，我生命的大部分都在累積，累積學歷、資歷、名利；但五十歲以後，我覺得夠了，眞的夠了。我想放下。我不想再繼續往前衝，那是個無底洞、不歸路。

五十歲以前，我只會「賺錢」；但五十歲以後，我得學會「花錢」。相信我，花錢是要學習的。

我跟我的父母一樣，總是節省過度。節儉沒有不好，但凡事總要適度。現在，我反而要去學習：好好享受物質的美好。上半輩子辛辛苦苦賺來的錢，我得好好去享受這個「成果」，因爲我值得。我不想到頭來：人在天堂，錢在銀行，我更不想跟我老媽一樣，節儉到把日子過得匱乏又無趣。

五十歲以前，我總是瞻前顧後、謹愼小心、害怕失控。

五十歲以後，我想要大膽、恣意過自己想要的輕鬆人生。

過去，我是一個想太多的人，我總是精於計畫、安排、計算。我精於「有爲」，卻拙於「無爲」。我在「無所事事」裡，無法感到安然自在。

就在五十歲生日那天，吹熄蛋糕上蠟燭的那個刹那，我意識到：其實我早已豐盛，我早已不再匱乏。但過去童年的匱乏，卻一直讓我「繼續」活在匱乏中，讓我不斷攫取，停不下來。

其實我已經「擁有」很多了，不是嗎？但我經常忘記。於是我必須隨時提醒自己：「你看，你有足夠的存款了，雖不是千萬，但也足夠下半輩子花用無虞的。而且你有專業，根本不怕沒工作，不是嗎？」這樣的提醒是重要的，它會把我拉回現實，而不是老活在過去的匱乏裡。

有時候，我會打開衣櫥，看著裡面的衣服，這些衣服夠我穿上一個月，每天換不同款式。但很奇怪，我怎麼老是穿那幾件呢？好幾件新襯衫連包裝都還沒開封呢。

不然，我再打開冰箱，裡面堆滿了食物，其中有一半是過期的。好東西，我捨不得吃，也捨不得丟。這就是累積的證據，根本就是浪費。

有一回從京都旅行回來，我打開冰箱，發起狠來，開始清理東西（很特別，每次旅行回來到家之後，我都有清理打掃家裡的衝動）。

五年前朋友從德國帶來的頂級巧克力，過期了兩年，一直捨不得吃。丟。

一袋富士蘋果，不知道放了多久，幾乎快要成了蘋果乾。丟。

所有瓶瓶罐罐的沾醬，只用過幾次，幾乎都過期。丟。

丟了一大袋的食物，心裡有些罪惡感，但此刻我知道，如果我想要一個嶄新的人生，我必須捨、必須丟。

我別無選擇。學會「放棄」，是我五十歲以後的人生功課。此刻，就連罪惡感也一起丟了吧。

一小時過後，清理完，面對清爽乾淨的冰箱，我如釋重負，蹲坐在冰箱門邊，大大鬆了一口氣。「對，這就是我要的人生。少一點，簡單一點。」我跟自己說。

孔老夫子不是提醒過我們：人到老年，要戒之在「得」嗎？行至中年，我現在就得學會「煞車」，不然，我的人生「後患無窮」。

五十歲以後的人生，如果我想要清靜、簡單地過日子，「丟、捨、棄」是勢在必行的，不用討價還價。

捨，絕對是一種修行，更是智慧，它比「獲得」更難，我發現。

4 快活人生，不必等到以後

如果我每天都可以這樣過日子，
即便哪一天我突然閉上眼睛走了，我都會感到心滿意足、無憾無悔。
因為，在每一天裡，我都過了自己最想要的生活了。

某天在一份雜誌裡，看到一個「微型人生」的概念，實在深得我心。文章裡作者提醒我們，人生不是直線的階段性。

什麼是直線階段性人生？這個概念，你一定不陌生。還記得有人這樣告訴過你嗎？當你是學生時，就好好「念書」，爭取好成績。等到畢業，進入「工作」，就好好奮鬥，努力升官發財。接著當你到某個歲數時，就一定要「結婚生子」，成家立業，這才叫完美人生。如此，才是「成功人生」的典範。

這樣的人生，你熟悉嗎？一定熟悉。

過這樣的人生，是不容鬆懈的。你得一生努力奮鬥，直到成功那天爲止。因此，要享受人生，你得等到老了、退休以後，你才值得過好日子，這就是「直線人生」給出的觀念。

我們從小到大就被灌輸這種「直線人生」的觀念，它幾乎是你我共同的宿命，我們被迫在這條直線上義無反顧、勇往直前，沒有岔路、也不能停頓。如果要享受人生，對不起，那是在直線的「末端」，得等到你退休以後，等到「有閒、有錢」時，你才值得過好日子。

眞的是這樣嗎？

很多人把這種「直線人生」視爲天經地義、理所當然，絲毫沒有一點懷疑。難道，日子只能這樣過嗎？

不，我拒絕過這種直線人生。

我老早就知道：人生其實不是直線的，而是不可預測、無法規畫的。而且，每個人的人生都不一樣，根本就無法統一「標準化」。

從小，我就是一個任性的孩子。小時候放學走路回家，常常不走「直線」，喜歡繞路。我經常繞過一個樹林、彎過一個池塘，總是好奇地想看看樹上有沒有小鳥，池塘裡有沒有魚兒。隨行的同伴受不了，總是怨怪我走走停停，繞路浪費時間，久了以後，放學的路上，就變成了我一人獨行。但我並不覺得孤單，我就是喜歡探險，喜歡一路慢慢玩回家。

直線人生，也沒什麼不好，但這一路往前衝似乎也少了什麼。文章作者剛好跟我一樣年屆中年，他當然也意識到這樣的直線人生，其實是有問題的。

他說：我從小就是遵循著這樣的直線人生在過日子，一路打拚，直到中年，果然順利達到了一般世俗「成家立業」的人生目標。然而，在達到人生頂峰後，我捫心自問：「我快樂嗎？」答案當然是不（還好他夠誠實）。其實成功的背後，是犧牲了多少與家人相聚時光，以及犧牲了自己的夢想與健康換來的。現在，我經常腰痠背痛，而且，已經持續好多年都失眠了。

「這樣值得嗎？」手握著虛無飄渺的功名成就，作者問自己。他深知，除了虛名之外，自我內心空虛得不得了。如此反思，叫人唏噓。

我不知道像這樣換來的成功，是不是還叫成功？但我知道，我不要這種「單一」的事業成功。我寧可要健康、要快樂，我知道虛名假利，絕對不會讓我快樂。

作者到了中年，終於頓悟。他看開了，決定拋棄「直線人生」，重新展開一種新的「微型人生」。

什麼是「微型人生」？

作者舉例：每天清晨，他四點鐘就起床看自己喜歡的書，上午會在家裡寫作，下午進辦公室處理公事，晚上他一定回家陪家人共度晚餐，晚餐後，他會給孩子講故事，然後到了晚上九點，就準備上床睡覺。

你看，**他的一天，如此豐富又平衡**。不但兼顧了工作與家庭，同時又有自己獨處的時間。他不但跟人連結，也不忘跟自己連結。角色上該盡的義務責任都盡了，但同時，又做了「自己想做的事」，真好。

像這樣「把一天當作一生用」，這就是他所謂的「微型人生」。

很棒的概念，是不？微型人生，其實就是一種「活在當下」、均衡的生活方式。我發現。

想想看，如果你的一天是這樣度過的，當一天結束，要閉上眼睛睡覺時，你是什麼感覺？你還會感到空虛茫然嗎？絕不可能。

同理，依照這樣的概念，你可以繼續發展你的微型人生：從「把一週當作一生用」到「把一個月或一年當作一生用」。

一週有七天，如果你拿五天的時間拿來工作，那麼週六日就當做你的「退休」生活。你可以安排旅行、陪家人，或獨自坐在自家的院子裡曬曬太陽、撫摸著貓背，聆聽牠咕嚕咕嚕的滿足聲。不然，到鄉間裡，找塊農地種種菜，享受當農夫的樂趣也不賴。這些事，都不必等到退休以後，現在，你就可以。

其實，你現在就可以過自己想要的日子，不必等到退休以後。有了這種覺悟，你的人生才會快活。

我也覺悟了。

有一年，我也開始去實踐我的「微型人生」。

那一年，我每個月到花蓮去 long stay。當時我如此盤算著：一個月的前三週我要待在台北生活或到各地演講上課，最後一週我要留給自己，離開都市到花蓮海邊過生活。在花蓮，我找了一間優雅的民宿，住個五到七天，安靜地生活、寫作、僻靜，或什麼事都不做也可以。這就是我所要的「退休生活」。

過這樣的生活，讓我開始有幸福的感覺，但我不必要等到退休後才能過，我「現在」就要享受這種生活。

人生無常，請記得。活在當下，才是明智之舉。

從每天、每週、每個月，到每一年，如果我的「微型人生」可以取代傳統的「直線人生」，那我的日子，一定天天快活。

如果每天都可以這樣過日子，即便哪一天我突然閉上眼睛走了，我都會感到心滿意足、無憾無悔。因爲，在每一天裡，**我都過了自己最想要的生活了。**

呵呵，當寫到這裡時，我發現：我的嘴角自然地、微微地上揚了。

5 擁有不如享有

其實我們都已經「擁有」夠多東西了，
但卻一直都沒時間或忘記去「享受」它而已。

那天早上起床，一打開陽台的窗戶，哇，一道陽光輕輕地灑在紫色牽牛花上，今天是好天氣。心裡因爲這樣的陽光、好天氣，也莫名地欣喜了起來。

靜坐完，準備早餐。早上我自己打豆漿，喝著香醇的豆漿，心裡想著：「這麼好的天氣，可不能浪費。」於是，吃完早餐，揹起背包，我決定就近去木柵貓空山上走走。

騎機車不到半小時就到山腳下（這是住台北的好處，一下子就可以上山、下海）。順著山路，一步一步走進森林，雖然有點喘，但我的心跟天空一樣，清朗無雲。

一路上，深紅、淡粉的鳳仙花點綴在樹叢間，幾株粉紅櫻花燦爛開著，山茶樹、樟樹、相思樹、檜木、楓樹、槭樹……一路相迎。微風裡，各種樹木的香氣撲鼻，甚至還有陣陣花香，一路往上爬，我越走心越開，心曠神怡啊。

喔，好久沒來了。多年前，我經常上貓空的。怎麼這麼久沒來呢？

我幾乎忘了這個地方的存在。走在微風裡，陽光穿透樹梢映照到地面，此刻心中感到無限平和。我感嘆著：「擁有這麼棒的生活環境，我卻沒來享受，眞可惜呀。」

沿著綠蔭山路走，一旁小溪涓涓不斷，一路欣賞著各式各樣的奇花異草，叫我目不轉睛。

然後，一個山路轉彎，一棵茂盛的大樟樹出現在我眼前，樹上好幾隻松鼠唧唧叫、跳躍在樹枝間、玩耍追逐著，我在樹下，看呆了。眞是有趣。於是，我不禁想起「擁有與享有」這件事。

對呀，我不需要去「擁有」這座山，但只要我願意，走進大山裡，我就馬上可以「享有」這座美麗青山了，不是嗎？

我當下領悟到：擁有與享有，其實是兩回事。很多東西，你「擁有」未必「享有」。同樣的，很多東西，你不一定要「擁有」，卻一樣可以「享有」。

就像我不一定得去買房子（擁有所有權狀），但我可以租房子（享有）的道理一樣。這件事我老早就想通了。台北房價高得嚇人，一般薪水階級至少得二十年不吃不喝，才能「擁有」一間房子，所以我老早就放棄在台北買房子這件事（除非我中樂透）。

如果你不要執著，放棄非得堅持要擁有那張「所有權狀」時，租房子一樣可以住得很開心。在台北租房子的第三年，我給自己買了全新的沙發、音響，重新油漆粉刷牆壁，讓我的家煥然一新。管它租的、買的，反正「我人在哪裡，家就在那裡」。一旦打破「這房子一定要是我的名字，才是我的家，我才會有安全感」這樣的框框時，人就自由了。

不斷地擁有，是現代人的生活型態。透過購買、擁有，人其實是想填補內在的空虛，但心裡那個「洞」，其實永遠填不滿。再多的名利、地位、物質、名牌，其實永遠無法讓人滿足的，人照樣空虛。相信我。

擁有不等於享有。我有鐵證。

某一年過年，我發起狠來清理家裡（對，做這件事需要很大決心與狠勁）。我的冰箱裡「擁有」很多東西，我都捨不得吃。結果所有的好東西，包括一盒德國巧克力、頂級的干貝醬、託朋友團購的韓國黃金泡菜，統統過期，二話不說，全部丟掉。我的衣櫥也是如此，好幾套西裝已經將近十來年都沒穿，至少有一半牛仔褲、襯衫也都整整齊齊掛在衣櫥裡，被我打入「冷宮」。不只食物、衣服，那次過年，我清出了五大袋的東西，這些東西堆放在某個角落，好幾年連碰都沒碰過。我確實「擁有」它們，卻不曾「享有」過。

囤積，是匱乏的象徵。想不到我跟我老媽一樣。

有一年冬天很冷，寒流一波接著一波來襲。晚上上床前，我都會拿吹風機吹一下棉被，才敢把身體捲進去。

有一次聚會，朋友小蕙說她今年冬天買了一台烘被機，睡前她都會先打開烘被機去暖被，等到進入被窩時，「喔，被子好暖和、好享受喔！像在天堂一樣。」朋友說起這件事的時候，臉上立刻堆滿了幸福。

就在那個當下，我突然想起一件事：「咦，我好像也有一台烘被機耶!?」是嗎？

睡前，我翻箱倒櫃，終於找出了那台被我遺忘的烘被機（其實是去年才買的），當下很開心，卻也很懊惱。

然後，我開始烘我冰冷的棉被。十分鐘後，我鑽進入被窩裡，「喔，好溫暖、好舒服喔。」當下，我也擁有了朋友幸福的笑臉。但就在享受被窩溫暖的同時，我心裡卻也冒出一句話：「幹，怎麼到現在才拿出來。」（哈）

這兩件事不禁讓我去思考：會不會其實我們都已經「擁有」很多東西，但卻都沒時間、或忘記去「享受」了呢？這個領悟，叫我大吃一驚。

不管是山上的美景、冰箱裡的食物、櫃子裡的烘被機，甚至衣櫥裡的衣服，都是被我遺忘在某個角落裡的「有」，而我卻看不見，反而一直努力往外在尋找、搜刮「更多東西」，簡直荒謬。

擁有不如享有。眞正能「享有」的人，才是眞正「富足」的人，不是嗎？

那晚，溫暖的被窩讓我一夜好眠，眞的很幸福。

早上醒來時，我告訴自己：**與其繼續「擁有」**、不如先去「享受」我目前所**擁有的一切吧**。不然，擁有再多都是白搭。你說是嗎？

療癒小語

§ 很多東西，你不一定要「擁有」，卻一樣可以「享有」。

§ 「擁有」，不等於「享有」。其實我們都已經「擁有」很多東西，但卻都沒時間、或忘記去「享受」。

§ 擁有不如享有。真正能「享有」的人，才是真正「富足」的人。

6 放掉時間過生活

活到五十歲，我才開始意識到：
我從沒好好活著，享受每個片刻。
那些年，我老被時間追著跑。

入秋以來，我進入了某種恍惚的狀態。

我很難解釋這是怎麼一回事，總之，我的意識正在進行一種「轉換」，如同車子在「換檔」一樣。我的生活，不知不覺，朝向了某種不可知的靈性世界。

在這種狀態下，其實我很想安靜，很想漫步在夜裡的微風中，很想仰望天上的星星，很想什麼事都不做。

在這本書撰寫過程中，接近約定的交稿期限，收到了出版社的來信，「提醒」

我要趕快交稿時，心突然「緊」了一下，很不舒服。

當下，我辨識這個緊，其實很熟悉，那是一種被催促、被規範的感覺。「你得在期限內完成某一件事」，熟悉嗎？你一定熟悉，我們都是這樣過日子的，我們一天到晚老被時間追著跑，不是嗎？

活在這個功能的社會裡，我們一直都在doing，每天都有趕不完的「待辦事項」，我們忘記了我們是人，人是human「being」耶。

人要單純地享受每個片刻的「存在」（being），並不容易。

活到五十歲，我才在開始意識到：我從沒好好活著，享受每個片刻。這些年，我在靈性學習裡，學習如何活在每個當下，覺知自己，學習好好當一個人，好好地存在。

你看，明明交稿的時間都還沒到，出版社就急著來催稿，這讓我很緊張。眞的不是怪出版社催稿，那是他們的職責、他們的工作，一本書要順利出版，本來就是要如此運作，不是嗎？

要是在以前，我的回應模式一定是：開始緊張，然後努力鞭策自己。我會沒日沒夜地趕稿，趕快把稿子給人家，好去「配合」別人的期待。

過去，我總扮演好學生，總是在壓迫自己、滿足他人。這樣的我，活得很辛苦，夠了。

過去，我絕對是一個認眞、負責的人。我很會計畫，我的工作進度永遠「超前」，我總是在期限前就完成所有工作。我是很有效率的人，過去，我也曾會爲自己的效率感到沾沾自喜。但現在，夠了。

活過半百，如今我期待自己的生命，除了效率以外，可以再多一點從容、多一點質感、多一點溫度。

人活著，不是只爲了完成一件事，或只爲了滿足別人的期待而活。謹記。

說好月底會給完稿的，時間根本還沒到嘛，其實我並未拖稿呀。這一次，我想按照自己的速度，慢、慢、來。

尤其這本書，就是在寫我大病之後，生活的反思與改變，我就是想要拯救自己的「急」病，想把自己從急速生活中「慢」下來的，不是嗎？如果我現在還在趕稿，這不是背道而馳、自打嘴巴嗎？眞誠很重要，我要當一個眞實的人。

反思以前的我，是個急性子，很容易緊張，我總活在「時間」裡。

譬如說，當我要搭接駁車到高鐵站時，我一定先計算好時間，期待接駁車趕快到，好讓我趕上某一班高鐵。於是，當我等車時，心中充滿焦慮，一直看著錶，心裡不斷地重複著：「車子怎麼不趕快來？」好不容易車到了，坐上接駁車，我必定坐在最前面的位置，好等一會兒可以第一個衝下車到櫃臺買車票。

坐在接駁車上，我也是一刻不得安閒的。我會盯著司機開車，我嫌他開得太慢，心裡不斷嘮叨著：「怎麼不開快一點？」焦慮的我，一直看著司機、幫司機開車。這就是我的「急」病，典型的A型性格。

爲什麼我會這麼急？當然不是天生的，這絕對跟原生家庭、跟社會文化有關。我是被教出來的。

我的父母都是急性子，尤其是我父親，軍人出身的他，是一個很有紀律的人，對時間的掌控一向精準。

記得小學一年級上學，我總是全班第一個到學校，父親深怕我遲到，每天清晨五點便把我叫醒，要我去上學。我總是在睡眼惺忪中，穿上制服、吃早餐，然後在模糊亮光的晨曦裡，漫步到學校。

這就是爲什麼長大以後，我總是「守時」、總是害怕遲到的原因。我的模式（life style）就是這樣被建構養成的，明白了吧。

父親晚年閒賦在家時，依舊生活規律，包括幾點起床、幾點吃飯，何時理髮，一切照表操課、絲毫不苟。

父親手上的錶始終不離身，就連睡覺也都要戴著。甚至在臨終前幾個月，他躺在病床上，我要拿掉他的錶，他都堅持不肯，他說他要看時間。或許，抓住時間，才會叫他感到安心吧。這就是心理學所說的「固著」與「制約」，**他被時間給制約了**。

那時，我就告訴自己：我絕不要跟父親一樣，被時間給「綁架」了。**我不想一天到晚老看著手錶、看時間過日子，我要活得輕鬆、自在一點。**

其實我會選擇當一個自由工作者，就是想要拋開朝九晚五的制式生活。這幾年，我做著自己喜歡的工作，到處旅行，自由走動，我一直以爲，我做到了，我自由了。直到生了一場大病，我才覺察到：不，其實我跟我父親一樣，老早就被時間給綁架了而不自知。難道不是嗎？我一天到晚在「趕進度」，害怕事情不能如期完成。這就是證據。

這幾年，當我可以慢下來以後，我開始在學習「放掉時間過生活」。

「放掉時間過生活」的意思就是：活在每個當下，不再被時間給追著跑。

但放掉時間，眞的很難。

托勒的靈性書籍《當下的力量》及《一個新世界》裡講過：人爲什麼害怕放掉時間呢？因爲放掉時間，也等於放掉過去與未來，同時也在放掉「功能世界」裡的計算、效率、成就、功名。而放掉這些，等於就是放棄自己、放棄我們外在的「自我認同」，這樣，我們還能活嗎？喔，原來如此。

根據托勒的教導：**放掉時間，其實就是在釋放「小我」的執著，回到永恆，沒有時間、沒有對錯、沒有計算的宇宙「大我」中。**人在大我的意識流裡，一切放空，於是我們才能眞正活著，活出平安與寧靜的自我。呵呵，這不就是我所渴望的嗎？這些年，在靜坐裡，我就是在練習這件事。

我不想再繼續活在別人的「期限」裡，我想活在自己的「節奏」裡，自在做

自己。

於是，我回信給出版社，跟她們說：「我是一個很自制的作者，請你不用再來信提醒我，好嗎？我自有分寸。」

回完信，我感到輕鬆無比。這是一個宣告，我在宣告：我不想再當時間的奴隸，我要自己掌握人生進度，我才是我自己生命的主人。

療癒小語

§放掉時間，其實就是在釋放「小我」的執著，回到永恆，沒有時間、沒有對錯、沒有計算的宇宙「大我」中。人在大我的意識流裡，一切放空，於是我們才能真正活著，活出平安與寧靜的自我。

§活過半百，如今我期待自己的生命，除了效率以外，可以再多一點從容、多一點質感、多一點溫度。

7 原來，混亂才是常態

説來奇怪，當我願意接受：

「我的心就是混亂的，這是常態，而且它不是問題」時，

我的心，反而變得不那麼混亂了。

是的，最近的我，很混亂。

明明知道，該安靜下來書寫了，我的心卻安靜不下來。

明明知道，該給人家的講義迫在眉睫，卻毫無動力，根本不想理它。

坐立難安，無法安在每個片刻裡，心，像隻猿猴般，盪來盪去，這就是此刻的我。

在這個混亂的片刻裡，叫人無所適從。

要是以前的我，絕對會批判、否定自己，覺得這樣很糟糕，會想辦法趕快讓

自己安靜下來。但是，每當我越想安定、心卻反而越加混亂。

後來，我學會了：**當我混亂時**，我只要覺察、接受，順著它，就行了。

以前當我混亂時，我通常會去游泳、跑步，有時候會去打坐、冥想，但有時候，我會乾脆什麼都不做。因爲，在這個片刻裡，我根本無法做什麼，我只能跟我的混亂「同在」。

心要保持平靜，本來就不是一件容易的事，所以人才需要修行嘛，不是嗎？

我曾觀察自己，何時我的心會比較容易安靜下來？

喔，當我書寫、靜坐、游泳運動、河堤散步、閱讀一本好書、與人深刻交談、出走旅行等，做這些事，都會讓我安神定心。

但這些事，其實也都有它的限度。我的意思是，我不可能爲了讓心情平靜，就一直閱讀、一直跑步或一直靜坐，不是嗎？

一直做「同一件事」，最後會產生彈性疲乏，一樣沒效果。

就如同你很喜歡吃披薩，但你也不可能每天、每餐都吃披薩，不是嗎？再好吃的食物，吃久了都會膩。

於是，我悟出了一個道理：原來，生命是一種動態平衡。意思是，每天的生活其實都是在一種失衡狀態中，這是正常的事。

平衡，它不是一種固定的狀態。

其實我們每天都活在失衡中，並在失衡中努力找到平衡之道。

一旦找到了平衡，安逸一下，不久後，你會發現，你又不舒服、又失衡了，於是，我們就得再去創造另一個新的平衡點。生活，永遠在失衡與平衡之間，來回擺盪、不停循環，這就是我們眞實的人生。

人呀，很難伺候。一方面想要安定，但另一方面卻又無法安逸在一個「固定的框框裡」，久了，人會厭煩、會嫌膩。於是，我們每天都在找「新的出路」，生命是無法「照表操課」的，因爲人很不容易滿足，每天要讓自己活得心滿意足還眞不容易呢。

說來奇怪，當我願意接受：「我的心就是混亂的，這是常態，而且它不是問題」時，我的心，反而變得不那麼混亂了。

生命是如此弔詭。

如同每天起床，床單、棉被一定都是混亂的，但你絕對不會去責備自己：「我怎麼可以把床單搞亂？」是不是？睡了一晚，棉被、床單混亂本來就是正常的呀。亂了，沒關係，整理就好了。心亦如此，生活亦如此。

如果無法接受自己的混亂，你的混亂，就會讓你更加混亂。

於是我想通了，混亂根本不是問題。

就如同每天吃東西，牙齒是不可能「時時保持乾淨」的，沒關係，飯後刷牙就好，這就是生活的一部分。清理，原來是每天的功課。

重點不是髒亂，重點是清理。終於明白。

同樣的道理：今天開悟，也不代表我明天會繼續開悟。

人必須每天「歸零」。歸零，就是接受當下的自己，願意讓生活重新來過。

當我願意接受「**生活本來就是如此**」時，所有的混亂，瞬間都不再是問題，它只是生活的一種狀態而已，不必大驚小怪。記得，衣服髒了，洗乾淨就好，就這麼簡單。

有了這個認知以後，人就放鬆了。輕鬆的人，在面對生命的混亂時，才會游刃有餘。

現在的我，不再乞求每天起床時，我的心都要安和平順。不管今天心情是如何，都可以、都沒關係，我統統接受。就如同，不管今天是晴天或下雨，其實都一樣好。

我們雖無法決定今天的天氣，但可以決定自己看待天氣的觀點。陰天、晴天，都好，有了平常心，一切都好。如此，你就不會再爲難自己，日子也會快活些。

活到今天才明白：生活之道無他，不過是「平常心」罷了。

平常心的修練就在於：不管今天過得怎樣？今天心情如何？都沒關係，我只要：安靜下來，覺察、關照、接受。如此，就夠了。

看見，就好。眞的。

8 世界越快，你要越慢

不管是製作咖啡或品嘗咖啡，都急不得。急，就失去了味道。

生活也是如此。慢，才有味道。

我的朋友D跟我一樣是心理工作者，每次碰面，我們總有聊不完的話題，能有這樣的朋友，很開心，也很幸運。

這次與D碰面，D顯得疲憊，他的臉告訴我：他累了。

D跟我說：這幾個禮拜工作排得太滿，他壓力大到睡不好、失眠，甚至有時連呼吸都困難。

聽他這麼說，我很心疼，也很能同理。我跟D說，我們做心理工作其實是很耗心力的，無法密集接太多case，尤其到了中年，我們都不再年輕，體力也大不如前。這幾年，我也一直在節制自己的工作。

我跟D其實都在做自己喜歡的事，我們都熱愛自己的工作，但絕對不是那種工作狂，其實我們更熱愛生活。但你知道的，有時候一不小心，工作就會被突然排滿，我們真的不是故意的。

坐在餐桌旁，我們一起檢討著爲什麼「停不下」的原因。

老實說，一來是我們太貪心了，因爲想做的事太多。二來是邀約的單位都很熱情，叫人不忍心拒絕，所以只要沒注意，一下子就排滿滿的。

「這是眞的，工作就像漩渦一樣，人一下子就被捲進去，出不來了。」我有感而發。

「所以，人活著要清醒覺察，謹愼選擇，學習割捨，不然原本喜歡的事，也會變成災難。」我們最後得到這個結論。

突然，D話鋒一轉：「我已經在排明年的時間了，把休息、旅遊的時間都先空下來，計畫每週只排兩個工作天。」

「我也是耶。我計畫明年工作減少一半，想安排更多的時間到大自然走走、運動、書寫，讓生活有更多的留白。」說到這裡，我跟D的眼睛，突然都亮了起來。

不約而同地，我跟D明年都想過「減法生活」。

我們決定要慢下來，好好過生活，好好照顧自己。

隔天早上離開D的家時，我的心，溫暖又滿足。在跟D揮手道別之際，我突然意識到：對，這就是我要的生活。除了工作，我的生活裡還需要友誼，需要有人可以談心，需要獨處發呆，需要漫步在清風明月裡的悠閒。

眞的，其實我現在的生活沒什麼不好，只是，如果可以再少一點，再慢一點，我想我一定活得更開心、更健康。

剎那間，我抬頭望著天上一朵如花的白雲，想起了金城武的廣告：「世界越快，心則慢。」這是逆向思考，很有反思性的創意廣告。

是的，我們總被這個世界追趕不停。手機不斷推陳出新，從3G到4G，我們永遠追趕不上，這世界讓我們對「快」上了癮，什麼都要快：上網速度要快、坐車要快、做事要快、連吃飯走路都要快。

在快速中，有些東西，不見了。你沒發現嗎？

一直趕路的你，聞得到空氣裡七里香的味道嗎？今日晴空萬里，湛藍天空裡有著變化萬千的白雲，你看見了嗎？

我們的心，被太多無用的資訊給塞滿，經常混亂，不是嗎？

一直低頭滑手機的你，一定沒發現你的孩子今天其實沒去上學？當然，你的老婆前天換了一個新髮型，你到現在一定都還沒發現，對不對？

雖然高鐵迅速便利，但如果要旅行，我寧願選擇搭乘火車或騎機車、甚至徒步。因爲：慢，才能看見風景。

快速，不止讓我們失去風景，同時也讓我們失去了溫度與情感。

十多年前舞台劇《暗戀桃花源》裡，一句對白始終讓我印象深刻。年輕的小護士始終無法理解，老兵手裡爲何一直拿著泛黃的照片，對著某個人念念不忘、憂傷不已。小護士對老兵說：「你知道嗎？我跟我男友分開才幾個月，但現在我幾乎不記得他的長相是什麼樣子了。」

是呀，來得快、去得快的情感，是不留記憶的，容易失溫，當然也不會思念。

快速，讓人與生活，都變成了冷冰冰的「效率」。所有的生活運作，都是直線進行，一直線、直直抵達，中間沒有迂迴，沒有曲折，沒有幽柔婉約，只有目的，只有完成，只有效率。這樣的生活，實在缺乏美感與溫度。

最近美國掀起喝手工咖啡的浪潮，據說這是第三波咖啡革命。三十年前，隨手沖泡的「即溶咖啡」席捲全球，它快速、有效率，但沒味道。十年前，人們開始追求美味，星巴克瞬間在全世界到處林立，這種機器研磨的咖啡，快速、卻不失美味，廣受歡迎。

但現在，咖啡迷有了新歡。據說美國現在有更多人願意到藍瓶咖啡店、排隊喝滴漏的手工咖啡。這裡的咖啡豆，來源標示清楚，品質可靠，經過精心研磨後，再用過濾網一滴一滴地滴出香濃好咖啡。**好的情感是需要時間的淬鍊的，美味也是。**

這家咖啡店，據說人多的時候，你至少得等二十分鐘以上。但咖啡迷不在乎，他們願意等，因爲他們相信，這種「慢」滴的咖啡，味道更香醇。美好，是值得等待的。

咖啡本身就是優雅的代名詞，不管是製作或品嘗，都急不得。急，就失去了味道。生活也是如此。

慢，才有味道。

當世界變得越快，我們反而需要更慢。

秋天到了，別急著趕路上班，慢慢走，偶而停下來，感受一下涼涼的秋風，順便欣賞一下眼前的落葉飄零，在濃濃的秋意裡，溫存一下世界的美好。如此，活著才有好味道，不是嗎？

療癒小語

§慢，才能看見。快速，不止讓我們失去風景，同時也讓我們失去了溫度與情感。

§慢，才有味道。當世界變得越快，我們反而需要更慢。

9 只要你敢，精采人生就是你的

「你跟怎樣的人在一起，就會變成怎樣的人。」這是真的。多去認識精采、有故事的人，去感染他們的勇氣，你的人生才會精采、有趣。

好友ＣＫ是一個很會生活的人。

他的家，是我目前看過所有朋友中，最美麗、最有特色的家。所謂的美麗，不是華麗，而是有特色、有自己獨特的風格與味道。有些豪宅裝潢得金碧輝煌，其實那只是金錢的堆砌而已，毫無特色，甚至庸俗做作。

但ＣＫ的房子不同，獨棟三樓透天，寬敞明亮，有大大的落地窗，窗外是一大片綠油油的公園，種滿了各式各樣的綠樹，還有我喜歡的玉蘭花。

屋子裡，有個造型特別的木頭立燈，是他去雲南旅行時買回來的。

牆壁上，鮮豔的女人畫布，也是幾年前麗江旅行帶回來的。

一樓餐廳的白色木製大餐桌，是他自己動手做的。他喜歡做木工，如果不當心理師，我猜他會選擇去當木匠吧。

他的家從一進門，沿路走上樓梯到三樓，牆壁上貼滿他這幾年到處旅行所照的美麗相片。到他家，不用說話，他已經帶領你走向世界的遠方。

不只是旅行的風景照，還有他兩個寶貝孩子的生活照。

CK很愛孩子。他不只是一個人旅行，每年他也會帶著全家人去旅行。

看著這些相片，你一定會羨慕他的孩子能有這樣的爸爸。「有一個可以帶我出去玩的爸爸，是幸福的。」我是這麼認爲。很多孩子，都缺乏這樣的經驗。因爲我們的爸爸都很忙，只會工作、不會玩，不是嗎？

一個人是怎樣在過生活的，其實也在展現著「他是一個怎樣的人」。

你要認識一個人，請走進他家看看，便一目瞭然。

家，幾乎是一個人的縮影。

CK的家，人見人愛，去過他家的人，都讚不絕口。

好，我知道接下來你一定要問我：「他很有錢嗎？不然怎麼買得起豪宅？怎麼可以一天到晚出去旅行呢？」

不，CK跟我一樣，我們都是小康家庭長大的，父母並沒有留任何家產給我們，我們都是靠自己雙手賺錢的。而且我們都是心理工作者，絕不是那種數百萬年薪的企業主管，我們賺的都是辛苦錢。

「那為什麼他可以過這種生活？」你一定很疑惑，是嗎？

好，我告訴你為什麼，因為他敢、他想要，而且他覺得自己值得，這就是愛自己的表現。明白了嗎？

這一點，也是我最佩服他的地方。

當初他根本買不起這棟豪宅，因為房價比他的預算多出一倍。但看了房子以後，他好心動，那一晚他無法成眠，半夜把太太搖醒，問她：「如果我們買了這房子，每個月貸款要付多少？我們負擔得起嗎？」

CK有一個好太太，她在公家機關上班，又善於理財。太太精算後，跟CK說：「房子當然買得起，只是壓力會比較大。」

後來他們就大膽地跑去跟屋主談，竟然談到不錯的價錢，就決定買了。這絕對是個好決定。不信，你去看他的房子，一定會贊同我的說法。

自從CK住進這個房子以後，這幾年，他的工作、生活、跟家人朋友的關係，統統變了，而且越變越好。

最叫人佩服的是：雖然有房貸壓力，但CK並沒有放棄他喜歡的旅行。

每年春秋兩季，他早早就給自己安排了出國旅行。他通常一個人旅行，享受一個人的獨處，我最喜歡聽他旅行的故事，這些故事，很滋養人。最後，他還把這些旅行故事寫成了書。你看，一舉數得。

人工作賺錢是爲了什麼？還不是希望過有品質的快樂生活，不是嗎？

CK在這方便實踐得很徹底，他絕對不會虧待自己，他是生活玩家。

一般人賺錢是爲了存錢，他賺錢是爲了享受美好的生活。每次旅行回來、錢花光了，他就繼續努力工作，等存到了錢，再繼續出去玩。「這種人，才叫好命，他活著就是爲了享受生命的。」我經常這麼說。

CK很勇敢，他很勇於追求自己想要的生活。我常跟學員說：「他是我的榜樣。」

這是眞的。

我的父母都是古代那種節儉得要命的人。有這樣的父母，我自然也不遜色。至少，我不敢亂花錢，我也是那種「要存錢才有安全感」的人，我承認。

我是這幾年才學會花錢的。

像是買房子、到處旅行、敢花大錢買自己眞正喜歡的東西。這些事，讓我生活變得有樂趣、好玩，同時也讓我覺得：我工作賺錢是一件有意義的事。

物以類聚。「你跟怎樣的人在一起，就會變成怎樣的人。」這是眞的，請愼選朋友。

多去認識精采、有故事的人，去感染他們的勇氣與氣質。跟這種人在一起，你的人生也才會變得精采、有趣，這是我的經驗。

明年，我計畫騎機車環島旅行，我想在京都無所事事地待上十天半個月，我更想在大山裡徒步旅行、露營，在夜裡看星星，光想到這些，心就整個飛揚起來。

眞的，只要你敢，美好的人生就是你的。

不要害怕「別人怎麼看你」，不要擔心「你有沒有錢？有沒有假？」，你只要問自己：「我想不想要？」如果想要，就行動吧。

美好的人生，其實只是一個選擇而已。

療癒小語

§一個人是怎樣在過生活的，其實也在展現著「他是一個怎樣的人」。

§物以類聚。你跟怎樣的人在一起，就會變成怎樣的人。

§真的，只要你敢，美好的人生就是你的。

第三章

隨心所欲，做自己

如果想要快樂過生活

你別無選擇

你只能

隨心所欲，做自己。

1 把自己變成一朵美麗的花

在這世上沒有其他的關係，能像你和你自己的關係般提供如此的安全感、舒適和平靜。

學習和自己共處，喜愛和自己共處，其他的人自然就會被你吸引。

畢竟，沒有人想要錯過這麼一段美好時光。

（引自《靈魂之旅》）

愛自己，是學習來的。

有些人很懂得愛自己，是因爲他一出生，照顧者就給他滿滿的愛，讓他感覺到：「我是值得被愛的。」這種人的自我價值感高，覺得愛與被愛都是天經地義的事。

同樣的，有些人很不愛自己，這也是學來的。

當小時候照顧者（父母）沒有給你足夠的愛，甚至忽略、虐待，這孩子就會學到一件事：「我是不值得被愛的。」沒被愛夠的孩子，長大以後就會變成低自尊，永遠覺得自己不夠好。而且，更可怕的是：他會用以前家人對待他的方式，去對待自己。

其實，大多數人都是後者，我們都是沒被愛夠的孩子。

於是，人生一路走來，總是跌跌撞撞，不斷自我懷疑：「我值得被愛嗎？」

心裡有些話，其實很想跟看了我的書、並寫信給我的朋友說。

親愛的小紋、大偉，感謝你們對我的信任，願意來信跟我分享你們的故事。從我的故事裡，你們看見了自己，並認回自己不完美的家庭、不完美的父母，眞是不容易。

你們說，看我的書，邊看邊哭。我知道，心一定很痛。但你們很勇敢，還是把書給看完。

從小在父母的暴力與虐待下，你們還可以讓自己好好活著，長大以後自食其力，不偷不搶，更不放棄讓自己過得更好，這已經很不容易了，你們是怎麼辦到的？

現在，你們長大了，父母也不再虐待你們了，但請你們：善待自己，請別再拿著鞭子鞭打自己，好嗎？

行行好，小紋，別再拿刀子割手腕。大偉，也別再拿頭去撞牆了，好嗎？夠了。**請停止這些自虐的行爲，請不要再用你父母對待你的方式來對付自己。**

請相信我，老天爺是公平的。

過去的傷，都不會白白痛的，這些痛，教會我們更加珍惜生命的美好，並增加我們生命的韌性與勇氣。這些痛，只爲了讓我們學習一件事——愛。

所有的發生、所有的經驗，都是有意義的。我們來到這個世上，只是爲了去「經驗」這些經驗，並在所有的經驗裡，學到愛這件事而已。這是我活到半百人生，最大的體悟。

雖然從小我們就在「愛的匱乏」中長大，但請相信，這不是詛咒，更不是一輩子永遠無法彌補的傷痛。

匱乏，有時候也是一種動力。

透過「愛的匱乏」，神是要我們去學習愛、發現愛、實踐愛。

後來我才明白：有時，父母不是不愛我們，而是他們給不出愛來。他們給不出愛，不是因爲我不好，而是因爲他們本身也是「愛的匱乏」。道理很簡單，「你不能給別人你身上沒有的東西」，不是嗎？

請原諒父母「不能給你愛」，不要去爲難他們，請放過他們，如此你也「放過了自己」。

缺乏愛的孩子，唯一的救贖之道就是放棄，放棄「我的父母應該愛我」這樣的想法。不然，你的內心會打架，你會把自己搞得四分五裂、一場糊塗。

當你放棄了，死了這條心，你就保護了自己，不會讓自己在反覆的期待裡，繼續失望、受傷。

當你放棄了「我應該有一個愛我的母親（或父親）」的念頭時，你就長出了力量，去爲自己的生命負責，去好好愛自己。我上一本書《擁抱不完美》所講的，就是這件事（學習自己當自己的好父母，把自己愛回來）。

放棄，是一種力量。

一旦你將「心中那個完美的父母給賜死」之後，你才能接受「事實」，心裡就不會一直衝突打架，如此，你才能過好日子。這是我的親身經驗，更是我多年來做諮商工作的心得。

親愛的朋友，請不要再把力氣花在怨恨父母沒給你愛，更不要把力氣用在去跟另一個人討愛，那沒有用的，相信我。

與其花力氣去怨怪父母、或去跟別人討愛，不如把力氣花在「愛自己」。這樣的投資，絕對「一本萬利」。

終其一生，我們唯一要做的事，就是：把自己愛回來。

愛自己，不難。這些年，我透過說故事、寫作、靜坐、旅行、獨處、運動、給自己好品質的居住環境、早點睡覺、捨得花錢吃好食物，這些點點滴滴的生活改變，其實，我就是在實踐「愛自己」。

花一點時間，好好陪伴自己、跟自己相處，聆聽內在聲音，適當地去滿足自己的需要（不管是生理或心理的需要），這就是當自己「好父母」的好方法，就這麼簡單。

以前別人對你做不到的事，現在，你自己為自己做，自己來滿足自己。我們

不再外求。**善待自己，由自己做起**。

相信我，世界上沒有誰會比你更愛你自己的了。

我很喜歡《靈魂之旅》作者蘇菲亞說的：「在這世上沒有其他關係，能像你和你自己的關係般，提供如此的安全感、舒適和平靜。學習和自己共處，喜愛和自己共處，其他的人自然就會被你吸引。畢竟，**沒有人想要錯過這麼一段美好時光的**。」

學習跟自己共處，並喜歡和自己共處，這件事太重要了，要學。

如果連你都不喜歡自己、不喜歡跟自己在一起，那麼，你如何去期待別人來愛你、喜歡跟你在一起呢？不是嗎？

花若盛開，蝴蝶自來。

請不要再拿網子去追捕蝴蝶了，你會累死，就算捕到了，牠動彈不得，跟死的沒兩樣。你不需要一個死的關係，你需要的是一個愛的關係。

愛是流動的，愛的關係絕對不是一灘死水。

愛是從自己身上流出來的東西，它不是向外捕捉、更不是去跟人乞討而來。

親愛的朋友，記住，你就是一朵美麗的花，只要你把「自己這朵花」好好燦爛地開出來，自然就吸引美麗的蝴蝶來接近你，不是嗎？

愛自己，就是「把自己變成一朵燦爛、美麗的花」。

要把自己變成一朵美麗的花，那就請你：好好照顧自己。請把自己當作是「自己的小孩」般，全心全意、義無反顧地去愛他。如此，你就療癒了自己。

因爲心疼那些在愛的匱乏中受苦的孩子，所以寫了這篇文章，希望這些受苦的靈魂也可以看到。

不管過去你的遭遇如何，記得，你都是一朵美麗的花。這件事，無庸置疑的。

2 改變自己，不要讓生命變成一灘死水

生命的本質就是改變，但人類的本性卻是抗拒改變。

你說：「要改變，好難喔。」

我知道。

但不改變，你的生活會更艱難。

你的生活總是一成不變嗎？

每天你都吃一樣的早餐？固定的方式上班？每晚都被綁在電視、電腦前，動彈不得嗎？

如果你喜歡這樣的日子，請繼續，絕對不會有人有意見，也不會有人跟你抗議，你高興就好。

但如果，你厭倦了自己的「一成不變」，那麼，請站起來，關掉那該死的電

視，然後認真去想一想：明天我要換吃什麼新早餐？如果你敢，再冒個險，明天早點起床，不要去跟一堆人擠捷運，改騎 Ubike（腳踏車）上班看看。

請勇敢改變自己，別讓你的生命變成一灘死水。

請別小看這些小小的改變，它會讓你原本窒息的生活注入新活水，叫你的日子耳目一新。

要翻轉舊模式，鬆動僵化固定的日子，你需要改變，你別無選擇。

生活，其實只是一種選擇，操之在我。

請想辦法讓自己快樂一點，這是你自己的責任，你不做，絕對不會有人會幫你忙、讓你快樂的。相信我。

你說：「要改變，好難喔。」我知道，但不改變，你的生活將會更艱難。

「生命的本質就是改變，但人類的本性卻是抗拒改變。」《破碎重生》書裡的這句話，我舉雙手雙腳贊成。人，總是矛盾。

我也是一個不容易改變的人。這幾年要不是不斷靠著書寫、靜坐，去覺知自己，我的慣性一定會像橡皮糖一樣、緊緊黏著我不放。不信？我說個故事給你聽。

以前我不太愛自己，經常不吃早餐，不然就是隨便吃（隨便在路邊買個三明治就打發了）。但十年前生了一場大病之後，我學乖了，我開始學會好好吃早餐。

那幾年，每天早上我會打蔬果汁、精力湯給自己喝。然後，我的氣色變得越來越紅潤。

幾年後，我厭倦了蔬果汁，於是我開始煮養生粥當早餐。養生粥裡，有糙米、黑豆、黃豆、紅豆、地瓜等五穀雜糧，甚至有時會加上當令的蔬菜。我吃了一整年，又厭倦了。

養生粥營養又好吃，但吃久了還是會膩。唉，這就是人性，喜歡變化、喜新厭舊。接受吧，人就是這麼難搞。

有一年夏天，我想讓生活簡單一點，改泡現成的五穀粉，加上新鮮的堅果、水果。這樣的早餐，簡單輕便，我又吃了一年。

直到最近，在夏日明亮的早晨裡，我又興起了改變早餐的念頭。

夏日，天亮得早，我總被窗外的知了聲給喚醒。

早早起床後，換上短褲、慢跑鞋，我開始沿著河堤一直跑、一直跑。我想讓自己流汗。迎著夏日的微風，我享受著滿身大汗的快感。

跑完、一身大汗，經過小七（便利商店），走進去買我的早餐。這是新突破，以前我從未在便利商店裡買早餐。

回到家，第一件事：沖澡。跑完步、滿身大汗、沖澡，絕對是人生一大享受（不信你試試看）。今年夏天，因為這樣的生活改變，讓我不再畏懼酷熱，也不再討厭夏天。

沖完澡，擦乾身體，坐在客廳裡，我手裡拿著小七的拿鐵，一口一口慢慢地啜飲，細細品嘗咖啡香。對了，以前我是不喝咖啡的，這又是新突破。今年，我嘗試讓咖啡進入我的生活，一天一杯。

喝了幾口咖啡，精神一振，身體裡面有一個部分，莫名其妙地被滿足了。

然後，我把買來的沙拉，用精美的白色瓷盤裝著，淋上淡黃色的凱薩醬，一口一口慢慢咀嚼，練習有覺知地吃，充分去感覺新鮮蔬菜的香甜。

吃完沙拉，再繼續享用芥末鮭魚三角御飯糰，這就是我的夏日新早餐。

很奇怪，今年的夏天，我突然喜歡上這樣簡單的食物，它不油膩、不是熱騰騰，既簡單又清涼，如同我想要的生活。

簡單的食物，提醒了我：我要的其實不多。

安靜在簡單裡，讓我感到平和又滿足，這是禪的最高境界。禪，就是簡單。

這是我要學習的。

你一定很好奇：我幹嘛要寫早餐，這有什麼好說的呢？不，請看清楚，其實我是在寫我的「改變」！

因爲這樣的改變，讓我的日子不再單調乏味、一成不變。

偶而在生活裡創造一些不同、一些改變，會讓你的日子變得不再那麼辛苦乏味，反而生活會成爲一件好玩、有趣、值得期待的事。

如果，你也厭倦了單調、慘白的生活與自己。來，站起來，行動吧。小小的改變，會把你帶到一個意想不到的新世界。

明天，就算你要在馬路倒退著走也行，相信我，沒人會笑你的。就算有，Who cares? 管他的。

爲了不讓自己變成一灘死水，你想怎樣做，都行。

3 不要害怕你所擔心的事

請不要害怕「你所擔心的那些事」，
這些事，其實都不一定會發生。
等你寫完、説完故事，你也會跟那位婦人一樣，
對以前所憂心的種種問題，
手一揮、聳聳肩説聲：「Who cares? 管他的！」

炎炎夏日，最大的享受莫過於：在家裡開著冷氣，安靜在沙發裡，手上一本好書、加上一杯冰涼的啤酒。

太享受了吧，你說。是的，我就是要「享受生命」。

享受生命，是年過半百的我，最想學、也正在學習的美事。

那一天，三十四度的酷熱，我躲在家裡避暑，一邊喝著冰啤酒，一邊閱讀著娜妲莉．高柏的新作《療癒寫作》。其實我還滿喜歡這個作者的，她不只教寫作，還會禪修，是個很會說故事的人。

一翻開書，我就看到娜妲莉分享了一個好故事，立刻拿起紅筆來畫線。喔，書裡的故事是這樣說的：

鄰居一位婦人兩個月前憂心忡忡地告訴她，她的世界正在崩解中：先生有外遇，女兒吸大麻，家裡的貓到處小便。

但兩個月後，再見那婦人，娜妲莉發現她的話題（問題）全都不一樣了。當場，娜妲莉有點不放心，悄悄地問她：「你先生的外遇後來怎樣了？」婦人手一揮、聳聳肩說：「誰管他！」

「那女兒呢？」

「我不知道，我沒在擔心的。」

娜妲莉很好奇她的改變，最後問她：「是什麼改變了你？」

婦人停下來，想了一下，說：「喔，我在書寫……一切都恰如其分，我回到了自我……我再度擁有了我的人生。書寫的感覺太好了，不能讓任何事情來干擾我的書寫。」婦人笑著說。

看到這一段，我也笑了。唉，人就是要如此豁達，眞好。

書寫（說故事）讓人找到自我，讓生命恰如其分，說得一點都沒錯。

當你的眼睛不再專注在別人或問題上，而是開始轉向自己時，你的世界，就變了。

娜妲莉在書裡分享她從事寫作療癒的方式，其中「僻靜寫作營」的作法，恰巧跟我在私塾裡做故事療癒的方式相似，有異曲同工之妙。

每當學員來到私塾，我都會讓他們先靜坐、放鬆，等把心「安放」好之後，就開始「自由書寫」。書寫完畢，默唸、朗讀、然後再找人分享，讓自己的故事被聽見、被理解、被接納。

別小看這個故事療癒的歷程，它有如禪修。

它讓我們從外在紛亂的世界裡，回到自己的內心世界，安頓自己。它幫助我們看見自己、梳理自己，同時療癒自己。

人一旦可以回到自己的心裡去看見、去關照自我，唉，一切都好辦了。心安穩，人就安穩。說故事，就是一個「安心、定性」的良方。

常常會有陌生朋友在臉書留言給我說：「我其實很想參加你的課，但我不習慣在他人面前說自己的故事，怎麼辦？」

我的回答總是：「在我們『家醜不可外揚』的文化裡，相信我，沒有人會『習慣』在別人面前說自己故事的。**說故事這件事，本來就需要『練習』的啊。**」

我告訴來信的朋友：「你放心，這裡不會有人強迫你說故事的。你來，光是自由書寫、光是聽人講故事，就會有收穫的。尤其當你安靜下來，透過書寫進入自己的內在時，自然就會想說故事。畢竟，沒有人不想被了解、被傾聽的，不是嗎？」

有時候，要改變生命，我們得放手一搏，千萬不要被自己想像的恐懼給箝制了。

說故事是要練習的，沒錯。私塾裡，透過書寫，我們練習說故事給自己聽，透過故事，讓我們跟自己產生「連結」。**一旦人跟自己有了「連結」，一切都好辦，生命自然會把你帶到「你該去的地方」。**

請不要害怕「你所擔心的那些事」，這些事，其實都不一定會發生的。

等你說完故事，你也會跟那位婦人一樣，對以前所憂心的種種問題，手一揮、聳聳肩說聲：「Who cares? 管他的！」

只要你願意放手、嘗試新事物，日子，其實並沒有你想像的那麼難過的。

療癒小語

§ 書寫（說故事）讓人找到自我，讓生命恰如其分。

§ 當你的眼睛不再專注在別人或問題上，而是開始轉向自己時，你的世界，就變了。

4 做自己開心的事，就是天命

如果你經常去做「應該」的事，
而不是去做你「想要」的事，
快樂一定離你很遠。

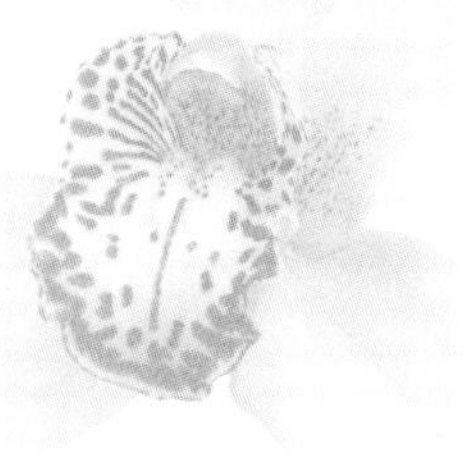

這幾年我經常到北京帶工作坊，認識了許多當地有生命力的助人工作者，茉莉就是其中一位。

茉莉兩年前上完我的工作坊後，興奮莫名，跑來跟我說：她找到了自己的人生方向，她知道自己以後要做什麼了。

不到一年，她就出了一本書。

她說，她只花了十一天，就把這本書的初稿給完成了（媽呀，比我厲害，十一天就寫了十幾萬字）。不要懷疑，這是真的，我還幫她的新書寫了序。

第二年我去北京時，她親自把書送給我，整個人容光煥發，像花開一樣。她的寫作歷程十分神奇。她先靜心冥想，再運用我在工作坊教她的自由書寫方式，一坐下來，下筆就停不下來，一直寫、一直寫，靈感泉湧，有如神助。她說，自己書寫時，絕不是腦袋在說話，而是來自內在靈性大我的聲音。你聽得懂她在說什麼嗎？我懂，我也是這樣寫作的。

當你可以跟自己內在神性深深連結時，自然靈光乍現，給出來的東西往往出乎意料。這幾年我的工作很忙，又到處旅行，卻還可以一年寫一本書，我就是這樣辦到的。

這幾年茉莉不只寫書、出書（現在正在寫第三本書），還帶領心靈讀書會、沙龍、甚至工作坊，她做了很多事，而且做得很開心。這些，都是她喜歡的事。認識了敘事，將她的人生推向一條自我實現的道路，讓她開始做自己，雖忙得不可開交，但她卻很開心、很有成就感。

這次我到北京帶領內在小孩療癒工作坊，她又來了。但我發現，跟以往不同，她的臉上似乎多了一些疲憊與憂煩，我發現她經常皺眉頭。

一問之下，原來這半年來，除了書寫、帶團體，茉莉還應朋友邀請，一起籌備一個大型的公益活動。辦活動需要經手許多行政瑣事，花了她不少時間與精力，她經常晚睡，睡眠嚴重不足，過去的她容光煥發，如今卻愁眉深鎖、灰頭土臉。

課程結束後，她發了微信給我，告訴我，她看開、頓悟了。

她決定不幹了。

她決定從那個公益活動裡「退出」，回到自己所擅長的事裡，做自己，就好。

茉莉說，當她在微信裡寫出「I quit」這幾個字時，頓時大大地鬆了一口氣，突然間，整個人變得好輕鬆、好輕鬆。

「語言果眞是很有力量的。」我大笑，很替她高興。

不只如此，她還深切反思。

回顧這半年來，因投身公益活動卻把自己搞得混亂不堪，怎麼會這樣？

她發現，原來這件事根本就不是她所喜歡、想做的。當初是朋友盛情邀約，她想說是「公益」活動，也就不好意思拒絕。

她被「公益」這兩個字給困住了。

「我違背了自己的心意，我並沒有聽從自己內心的聲音。背叛自己，讓我好累。」她說。

如今，她頓悟了，同時也「**解構**」了自己，讓自己從「公益」這兩個字中解脫出來。

她終於明白：**做公益固然是好事，但做自己喜歡的事卻更重要。**

做自己不擅長的事，你一定不會開心，就算再有意義，也是事倍功半，不是嗎？況且，**對別人是「公益」的事，但對自己而言，卻是一件「殘忍」的事。**我們對自己也要「公益」，她感慨地說。

這是很深刻的覺察，茉莉說得沒錯。

對別人公益，記得也要對自己公益啊。我們不能給別人我們身上沒有的東西，切記。

茉莉同時深切體悟到：從小主流價值就告訴我們，人要「犧牲小我、完成大我」，做人不能太自私。做自己，就是自私，這是當初讓她不敢拒絕朋友的原因。

如果你經常去做「**應該**」的事，而不是去做你「**想要**」的事，你一定不會快

樂，這是絕對的。

其實重點不在於它是不是「公益」，而是在於這件事是不是你自己「想做」的。如果這是你想做的事，就算再累，你也會開心的，不是嗎？

做自己喜歡的事，就是自私嗎？不盡然，那不是自私，反而是自愛。

我一生都在做自己喜歡的事，至少，這讓我活得快樂一點。

透過教學、帶工作坊、出書分享我的療癒經驗，以此方式去服務眾生，我眞的做得很開心。我知道，這是我的天命。

當我做自己天命的事，必定感到輕鬆愉快又能做得好，這就是我對世界最大的貢獻，就是最好的「公益」活動了，我認爲。

療癒小語

§ 對別人公益，記得也要對自己公益。

§ 做自己喜歡的事，不是自私，而是自愛。

5 人活著，自在就好

每活過一天，我的生命就少一天。
我的生命很寶貴，
我不想再浪費一點時間去「應付」誰，
或去做任何我不想做的事。

今年夏天，我第二次應邀到北京參加心理學家大會做一場大型演講。兩年前去過一次，陣仗很大，叫我大開眼界，但其實這是我不熟悉、也不喜歡的大場面。

八百多個來自大陸各省的菁英份子、專家學者、實務工作者，大家共聚一堂，三天裡，每天有十幾場的沙龍任君挑選，這種大型研討會有點像是心理課程的「嘉年華會」或大拜拜，熱鬧非凡。

被邀來授課的學者專家，包含兩岸三地，都是一時之選。這個世界是需要「抬頭」的，每次看到這些授課學者的來歷身份，都叫我想「敬而遠之」。唉，我們是不同世界的人。

要不是因爲我的書在大陸熱賣，爲了推廣敘事，我只好硬著頭皮前來，不然，像這種瞎拚（shopping）的心理課程「園遊會」，其實自己並沒有多大興致的。

唉，這是我的問題，我是一個奇怪的人。

我怕吵，我喜歡安靜、獨處，不喜歡社交，我更不需要「粉絲」（雖然很感謝大陸讀者的熱情支持），我只想——獨善其身。

像這樣跟一堆專家學者寒暄問好的社交場合，在我生活裡，幾乎絕跡，我早已不幹這種應酬事。

你知道嗎？跟這些名人碰面，第一件事就是要「遞名片」做自我介紹，光是這個動作，就叫我尷尬，因爲我連名片都沒有。眞的，不用驚訝，不騙你，我從沒印過名片，我唯一有的名片，是呂旭立基金會幾年前幫我印的，我很少發，兩盒名片幾乎原封不動。

雖然答應參加這次大會，但我還是婉拒了第一天早上的開幕典禮，一想到要到處跟一群不認識的專家學者握手寒暄，就叫我渾身不自在。當然，連全體大合照都可以省下來了。我不是鴿子，我是一隻孤鳥。

不好意思，這樣說絕不是我耍大牌、驕傲，更不是搞自閉，我只是單純地想要安靜，專心準備我的課程演講而已。

活過半百，我不想再配合別人的期待「演出」，不想再把我的時間精力浪費在我不喜歡的事情上。

這幾年，我的生活越來越簡單，我在力行「減法生活」，世俗的繁文縟節，能免則免。

我清楚，這次我是爲那場百人大演講而去的，其他與這事無關的應酬，一概敬謝不敏。

想起兩年前我參加大會時，不但到處要跟專家學者寒暄問候，還要跟熱情的學員簽書、合影，把我累壞了。我天生不是社交的料。我很害羞，我要單純，你說我孤僻也好，我不否認，但這就是我，我很接納這樣的我。

今年的我，自在許多。**我鐵了心，我要忠於自己，不想討好任何人。**

那幾天三餐在酒店大餐廳吃飯時，我總是故意晚到，挑大家快吃完、人少的時候，我才進餐廳。每次打完菜，我都會在角落找張無人的餐桌坐下，默默地一個人用餐。以前在用餐時，熱情的學員總會來談話，我根本無法好好吃一頓飯，這次我學乖了。

有一次，打完菜，我一樣找了一張無人的餐桌坐下，剛要開始扒飯，就聽到遠處有人叫我：「周老師，周老師，一起過來吃吧？」

抬頭一看，前方餐桌大約七、八人圍坐，喊我的人我並不認識，想必是熱情的學員吧。我笑了笑，揮揮手，不好意思地拒絕了，然後繼續吃我的菜。

吃了幾口，突然發現不對，那一桌好像不是學員，是講師吧？

我再抬頭張望過去，想確定。

好像是耶，而且是台灣來的講師。

今年大會，蕭文、廖鳳池等幾個台灣諮商學術界前輩（教授）都前來共襄盛舉，他們正坐在那裡，我剛剛沒看清楚，該死。

「怎麼辦？要過去打聲招呼嗎？」我猶豫著。

當時，內心有一個聲音：「過去打招呼吧，這是禮貌，免得人家說你驕傲。」當我這樣想時，心立刻就「緊」了起來，這是我所熟悉的焦慮，我知道。當我必須去做我「應該做」的事時，我就開始焦慮不安了。

人活著，經常身不由己，我們得做很多我「應該」做、而不是我「想」做的事，這就是人活得辛苦的原因。

勉強自己去做不想做的事，會讓我感到焦慮不安。這幾年，我越來越不去做這種事了。我很任性。

辨識完自己的焦慮，又出現另一種聲音，這個聲音，我也很熟悉。

「之前在台灣我只聽聞過這些前輩，我又不認識他們，而且他們已經吃飽了，只是在閒聊而已，現在我餓了，我想吃飯，我不想聊天，更不想去交際應酬，爲什麼我非得現在過去跟他們打招呼呢？算了，自在就好。」

這個聲音說服了我，我決定放過自己。

然後，若無其事地繼續吃我的飯。

「管他的，別人怎麼想都不關我的事，我只想單純地做我自己、做我想做的事就好。」當我這麼想時，立刻感到輕鬆、自在。

這十年，我是這樣過生活的。

接下來那幾天，我很自在地走在餐廳、大廳、講堂上，有人跟我打招呼，我就微笑、點頭，不刻意去「做」什麼。要簽書，可以，只要當下我有空，絕對沒問題，十分樂意。如果沒空，我會微笑、拒絕，一點罪惡感都沒有。

在那個當下的我，謙恭有禮，不卑不亢，自在得很，我不需要去「應付」誰。我喜歡這個從容自在的自己。

現在，每活過一天，我的生命就少一天。我的生命很寶貴，我不想再浪費一點時間去「應付」誰，或去做任何我不想做的事。

至於別人怎麼想，Who cares? 管他的，人活著，自在就好。

反正我本來就不是一個完美的人，不是嗎？

6 莫忘初衷

死亡與病痛，都是最好的老師。
唯有在那一刻，
人才會老老實實面對生命、面對自己。

你有想過「人爲什麼要活著」嗎？

人爲什麼要工作？要結婚？要生小孩？

如果你無法回答這些問題，只是「想當然爾」地認爲做人本該如此，我擔心，總有一天你會陷入某種生活的迷思，出現「不知爲誰而戰」的迷惘。

那一年，當我躺在床上動彈不得時，每天除了跟病痛交戰以外，我天天都在問自己這些問題：「我爲什麼要活著？我的人生到底要什麼？」

死亡與病痛，是最好的老師。

唯有在那一刻，人才會老老實實地面對生命、面對自己。在身體痛楚不堪的時刻，老實說，那一刻我唯一的願望就是「健康」。什麼財富、名利，在那一刻都猶如糞土、不屑一顧。

人不健康，心情自然不好，更不可能快樂，這是自然的道理。後來更發現：我說我要健康，其實我眞正要的，是「快樂」。

於是，我想起達賴喇嘛在十幾年前造訪台灣時的故事。

大師駕臨，所有人無不引領期盼，媒體記者一天到晚跟拍。有一天，一位記者問達賴：「請問大師，人生最終所求何事？」其實他想問的是：「人存在的目的是什麼？」那一刻，大家摒息以待，期待大師給出最有智慧的答案。

結果，只見達賴喇嘛笑笑，輕鬆回答：「快樂啊！」

這個答案叫所有人跌破眼鏡。記者們露出失望的表情，彷彿在說：「拜託喔，你怎麼給出這麼簡單膚淺的答案？」

經過多年，當我再回想達賴這個回答時，依然佩服他的智慧。

越簡單的答案，其實越難達到。不然，請你回答我：「你快樂嗎？」

仔細想想，終其一生，我們所有的努力、奮鬥，不都是希望自己活得快樂嗎？

請問：「爲什麼你要用功念書？」

「這樣才可以考上大學啊。」

「爲什麼你要念大學？」

「這樣才能找到好工作呀。」

「爲什麼你想找到好工作？」

「拜託喔，這樣才可以賺大錢呀。」

「爲什麼你要賺大錢？」

「有錢才能買名牌、出國旅行呀。」

「爲什麼你要買名牌、出國旅行呢？」

「這樣我才會開心、快樂啊。」

你看，答案不是出來了嗎？

依此類推，只要你不斷誠實去深問自己：「爲什麼我要讀博班？」「爲什麼我要結婚？」「爲什麼我要買房子？」你會發現，幾乎所有的答案，不是在滿足「社會期待」，就是在滿足「自我實現」的需要，但不管是哪一種答案，最後、最終，其實就是爲了要「快樂」而已，不是嗎？

請記住這個最最最原始的「初衷」。

曾經有個個案，他很聰明，很會念書，從小到大都是讀明星學校，從建中念到台大、然後再出國拿博士學位，回國後立刻被大公司延攬，不到幾年就幹了高級主管，年薪數百萬，羨煞許多人。

但工作十年後，他的身心出現了狀況，晚上沒辦法睡覺，身體經常疼痛，昏倒過好幾次，去醫院檢查都找不出原因，醫生建議他到身心科做檢查，後來身心科醫生又建議他來找我諮商。

當他跟我介紹完自己過去的「輝煌歷史」以後，我只簡單問他一句：「你快樂嗎？」他楞在哪裡，好像被雷劈到一樣，當下眉頭深鎖，嘆一口氣，很誠實地回我：「老實說，這輩子我還不知道什麼是快樂。」

這個問題，彷彿開啓了他生命中的「黑盒子」。接著，他滔滔不絕地跟我分享更多故事。

原來他生長在一個家教甚嚴的家庭，媽媽是小學老師，爸爸當大學教授，家人對他期望很高。他的人生是「第一名」的人生，他被教導：「要第一名、要成功，你才値得活下去。」這一生，他是爲第一名而活的。他一直活得很努力、很用力，不敢稍有片刻鬆懈，因爲，要維持「第一名」。

最後，他嘆了一口氣，幽幽地說：「第一名有什麼用，沒有健康、沒有快樂，再成功都是枉然的。」好大的反思，叫人感嘆。

這個主管足足跟我談了一年。他很忙，但每次他都會準時出現在我的諮商室。他說，每個禮拜最輕鬆的時刻，就是來跟我說話的時候，他十分期待。

半年過去，漸漸地，他越來越少加班。下了班，不是陪家人，就是去跑步、游泳。

漸漸地，晚上他可以不需要靠安眠藥睡覺了，甚至偶而可以一覺到天亮。他說，這比中樂透還要讓他開心。

漸漸地，他會經常安排全家出國旅行，享受天倫之樂。過去，他出國只是爲了工作，他的生活等於工作。除了工作，他不會生活。

如今，他徹底覺悟。

他終於知道：所有的努力，其實都是爲了要讓自己活得更好、更快樂。如此而已。現在，他只要減少工作、多運動、多留時間給自己與家人，日子其實是可以過得輕鬆又快活的。

快樂其實很簡單，你只要「戒貪」就好。不然「本末倒置」，到頭來，你的人生根本是白忙一場。

拋開「第一名」人生，他終於把自己從成功的陷阱裡解救出來了。恭喜他。

這是一個很美的故事，它在我忙碌時，經常警醒我：不要被工作綁架了，回到自己的初衷，好好過生活。

畢竟，健康快樂才是我們一生最終的渴望，不是嗎？

7 要過簡單生活，就要勇敢拒絕

這幾年，一再從混亂的泥沼裡爬出來以後，
我終於認清楚一個事實：
我活著，並不是為了讓每個人滿意。

拒絕，是我的生活中，最想練習的事情之一。

過去，我不太會拒絕，因爲我習慣當好人。討好，是我的生存模式。

兩年前開始到北京上課，那邊的學員很熱情，每次一下課，大家立刻一擁而上，不是要求合影、就是黏著你要問問題。剛去的時候，爲了不讓別人失望，統統來者不拒，結果，我下課跟上課一樣，一刻都沒得休息，一天下來，累斃了。

這兩年，出了兩本書，幾乎每天、每週都有讀者來信。

如果來信是分享自己的心得與感動也罷（我喜歡這樣的讀者），偏偏有一種讀者，不只分享心得，還要問問題，最後總要問你：「那我該怎麼辦呢？請給我建議。」把我當成了義務張老師，要我免費做諮商。

剛開始，我也是傻傻地回，因爲不想叫人失望，我實在「人太好了」。結果，爲了回覆這些信，我的生活馬上被塞爆、塞滿，我幾乎窒息。我的善良，幾乎毀了我的生活。

活該，誰叫我界線不清，誰叫我要這麼nice。這些都是自找的，怨不得人。

臉書也是。

我玩臉書，我在這裡分享故事，把它當作實踐敘事的平台，我很珍惜。但還是會有人留言給我，問我：「這個該怎麼辦？那個該怎麼辦？」突然間，我好像變成一個心靈導師或救世主，在那裡等著別人來呼救。

不好意思，我不是「超人」，不想當心靈導師，更不是救世主。難道我寫這些文章，就該有責任去「輔導」別人嗎？沒這回事。

自己的生命，自己救，這件事我很有自覺。我定位我自己：只是一個「分享者」，只是一個「管道」，而已。

但要完全不去理會這些善意陌生朋友的留言，實在不容易。有時，於心不忍，我還是會簡單答覆一下。在「拒絕他人，卻又不會太傷害他人」之間的拿捏，經常叫我感到爲難與掙扎。

這是老天爺給我出的功課，我知道。如果我要過簡單、平靜的日子，這個考驗，我非得接受不可。

就在剛剛，又有一位臉書朋友留言給我。她說看了我的書，很感動。她有一股衝動，也很想當一位心理助人工作者，但她不知道自己適不適合，然後她留了電話給我，要我一定要打電話給她，跟她對話、給她建議，幫助她辨識自己適合當哪一種助人工作者，或該去考哪一間諮商研究所。

「天啊，我有欠你嗎？」看到這種留言，心中很不悅，心裡差點爆出 F 字開頭的話。

其實她的問題，該去找人諮商的。但我知道，很多人對諮商依舊誤解，認爲「有問題的人，才要去諮商」。不然就是：捨不得花錢。這裡問一下就好嘛，幹嘛要花錢呢？（暈倒。）

不好意思，並不是因爲我是心理師，跟我談話要收錢，所以我才吝於在臉書上回答你的問題，不是這樣的。

我眞的是太滿了，而且我沒這個義務。尤其，這些問題都非三言兩語就能說清楚講明白的，請你理解，請體諒人，好嗎？

最後，我這樣回應那位朋友：「不好意思，我眞的很忙，恐怕無法給你打電話、回答你的困惑。你要不要把這問題放在臉書上？或許有經驗的人，可以回應你。」

我委婉拒絕了。

思索半天，這大概是我所能給的最好回應吧。

對方可能會失望，我猜。那也沒辦法呀，我必須接受我的限制，我不想再討好人了。

這些年，我的工作越來越多，加上出了書，認識我的人越來越多，爲了不讓生活爆炸、複雜、混亂，我得割捨、也不得不割捨。拒絕，是我的功課，我並不需要完美。

我發現，每當我生活陷入混亂，通常就是我無法拒絕的時候。

這幾年，一再從混亂的泥沼裡爬出來以後，我終於認清楚一個事實：我活著，並不是爲了讓每個人滿意的。事實上，也不可能。就算我再怎麼努力，我也不可能讓每個人滿意，認了吧。

現在，我唯一要讓他滿意的人，就是我自己。

8 不要忘記過生活

最近，我一直在想著明年想做的好玩事，
像是學做菜、練瑜伽、騎機車環島、在山頂上露營看星星，
一想到這些，我頓時心花怒放、整個人都亮了起來。
我讓我的生活，變成一件值得期待的美事。

今天，我又拒絕了兩個工作的邀約。

雖然拒絕，卻很開心，我喜歡這個「會拒絕的我」。

我不想再當爛好人，老是想去滿足別人的期待，老把別人的需要放在自己的需要前面。現在，我學會了愛自己，我決定把自己放在「第一順位」。

我雖熱愛我的工作，但我不是一個工作狂；我雖享受工作所帶來的成就感，但我知道，生命中有比工作更重要的東西。我該停下來，好好過生活了。

經過十年前大病一場，加上年過半百，如今我覺悟到：工作不等於生活，生活大於工作。

過去，我跟大多數人一樣，一旦進入工作，就像被漩渦捲進去一樣，出不來。雖然早就知道：「沒有健康，就沒有一切。」「金錢不是萬能，錢無法使人更快樂。」但一旦工作上了癮，依舊無法自拔。

雖然我經常提醒自己：「切記，工作只是蛋糕上面的櫻桃而已，它不是蛋糕本身。」

但我依然忘記。那幾年，我勤於工作，失去平衡。生病，就是生活失衡的寫照與證據。上天照顧人的方式很特別，就是讓你生病，唯有如此，人才能「停下來」，不是嗎？

有一天，我在一本雜誌裡，看到旅美大提琴家馬友友描述自己的生活，心有戚戚焉。

他說那幾年他馬不停蹄地到世界各地演奏，很少在家。

有一天，他難得在家，突然想去便利商店買個東西，然後，當他走進便利商店、看著琳瑯滿目的日用商品時，突然產生一種莫名的幸福感。他發現，像這樣悠閒地出來散步、逛便利商店的平常事，竟然帶給他一種「活在生活裡」的踏實與快樂。**像這樣簡單的幸福，往往都發生在工作之外**。

這個故事，深深打動我，它再次提醒了我：不要忘記過生活。

那幾年我跟馬友友一樣，到處東奔西跑，經常忙到忘記過生活。當我偶而不用工作閒賦在家時，我也經常因爲一頓優雅的早餐或悠哉的公園散步這樣的日常小事，感到輕鬆愉悅與無比的幸福。

唉，其實我們要的眞的不多。幸福，其實很簡單，只要我們好好過生活。我發現。

朋友D也是心理工作者，他告訴我，每當工作壓力大時，他就會去做木工。他說，每當他手上握著木頭、專注其中地創作一件作品時，那個當下，心平靜又安穩。

做木工的當下，讓他又回到了生活裡，生命如此著地。

另一位朋友W在大學教書，平時壓力也是大得不得了。還好，她會用兩種方式來紓壓：做拼布及每天傍晚帶著心愛的狗寶貝去公園散步。

不管是做拼布或蹓狗，在那個當下都會讓她從繁忙煩人的教學工作抽身出來，回到生活底層裡，感覺自己眞實的存在，這是她的紓壓方式。

還有一位好友H在金融業當主管，他的壓力更是大到不行，經常晚上失眠。但五年前，他開始每個週末都跟著登山隊去爬山，這些年，他爬遍了台灣大大小小的山岳，他說，如果沒有爬山，他大概老早就崩潰了。

每週的登山活動，是支撐他每天面對巨大壓力的動力，並讓他可以活著，不會那麼討厭自己。他很慶幸自己可以找到爬山的休閒嗜好，讓他免於被巨大壓力給吞噬掉。

這幾年，每當我工作完畢，不是去游泳，就是去河堤散步、跑步。透過運動，我在轉換我的能量，同時也在提醒自己「不要忘記過生活」。

人需要休息，需要平衡。做不一樣的事，就是「休息」。

有時候，我會特意下廚，煮一道自己喜歡吃的菜來犒賞自己。

還有的時候，我會把自己帶到山上走路，接觸土地、花草樹木，讓大自然來療癒我的身心。

每天起床第一件事，就是跑到露台看我的花，幫我的盆栽、植物澆水。我照顧花草，其實是在照顧我自己，我在「平衡」我的生活。

現代的人沒有不忙的。我們經常被工作綁架，迷失在工作的迷宮裡出不來，如果不做這些事，我們很快就會忘記生活、忘記自己的存在。

這幾年，每次遇見許久不見的老朋友，他們都會問我：「志建，最近在忙什麼呀？」我總是笑笑地回說：「我在學習好好過生活。」這是真的。這件事遠比工作還更重要，這是五十歲以後的我，最深刻的體悟、最想實踐的事。

這些年，我開始學會好好吃早餐，偶而靜坐、站樁，學習慢慢吃東西，晚上十一點睡覺，早上去河堤跑步，每個禮拜至少閱讀一本書，每半年出國旅行一次，偶而花點時間跟好友吃晚餐、聊天。做這些事，就是在學習好好過生活。

生活之道無他，平衡而已。

秋風清，秋月明，我喜歡在秋天的晚上外出散步。

上週六晚上，剛過中秋，月又大又亮，望著清朗的天空與明月，我思念著故人，心中湧現著淡淡的哀愁，雖然如此，但此刻卻讓我如此貼近自己，心中如此著地踏實。

昨天回到台中的家，一早起床便立刻奔向家旁的傳統市場，在市場逛了一圈，竟然看到小時候常吃的蕵薏（深綠色葉子煮的湯，滑滑的帶點苦味），我很興奮，買了一大碗回家，加上一根甜玉米、一條剛出爐的烤地瓜，就是我美好的早餐了。

對了，我還在市場買了一包玉蘭花，當我享用早餐時，玉蘭花正優雅地躺在白色小碟子裡，芳香撲鼻。這一刻，是千金不換的幸福。這就是我所謂的「好好過生活」。

最近，我一直在想著明年想做的好玩事，像是學做菜、練瑜伽、騎機車環島、在山頂上露營看星星……一想到這些，我頓時心花怒放、整個人都亮了起來。

我讓我的生活，突然間變成了一件值得期待的美事。

任眞（任性純眞），不要太**認眞**。享受工作，同時也享受生命。這大概是今後的我，最想過的生活方式吧。

療癒小語

§工作只是蛋糕上面的櫻桃而已，它不是蛋糕本身。

§「活在生活裡」這種簡單的幸福，往往都發生在工作之外。

§上天照顧人的方式很特別，就是讓你生病，唯有如此，人才能「停下來」，不是嗎？

9 打破習性，不要讓別人猜到你

「語言是有力量的。」「改變語言，就改變關係。」

如果你受夠了，不想再跟老公、孩子一天到晚拉扯爭吵不休，

那麼，請改變語言，改變你的回應方式吧。

人是習慣的動物，甚至是習慣的奴隸，每天我們都被困在大大小小的習性牢籠裡而不自知。

不信嗎？你聽：

媽媽：「趕快去寫功課。」

孩子：「好啦。」

媽媽：「還不趕快去，等一下要吃飯了。」

孩子：「喔，好啦。」依舊沒動，繼續看電視。

媽媽火大了，衝過去關掉電視，大聲飆罵：「要我說幾遍你才要聽？」

這樣的家庭戲碼，你熟悉嗎？

每天到了傍晚，同樣的情節、同樣的戲碼、同樣的對話，就會重複在家庭裡上演。我常開玩笑說，根本不用看電視，因為你家裡每天都在上演八點檔連戲劇，不是嗎？這就是慣性。

當你回應別人的方式都是千篇一律、只有一種，對方永遠猜得到「你接下來會說什麼、會如何反應」時，這樣的對話，就是無效的溝通。久了，誰都厭煩。

千萬不要浪費自己的生命。每天跟同一個人反覆著無效的對話與應對方式，它就像「例行公事」一樣，了無新意，只會耗損你的能量。

那怎麼辦呢？

如果你受夠了，想擺脫僵化的習性，不想再演老劇本，那麼，改變吧。改變你的「應對、回應」方式，不要千篇一律，不要讓別人「猜到你」，你就成功了。

記住，修行就是「修正行爲」而已。

有一天，一位女士上完我的工作坊，回到家，一進門就看到兒子正在看電視。她說，要是在以前，她一定立刻發飆、質問孩子：「功課寫了沒？怎麼還在看電視？」但那一天，她記起我的話，決定改寫老劇本。

「改變模式，千萬不要讓別人猜到你。」她在心裡重複了這句話。於是，她忍住了。

深深吸一口氣後，她坐到兒子旁邊，關心地問：「兒子，你今天過得好嗎？都做了什麼事？」

你聽，媽媽的語言改變了。

只要你願意，改變其實沒有那麼難。

兒子一聽，楞了一下，心想：「咦，媽媽今天怎麼這樣說話？她怎麼沒有罵我？」當你改變語言、改變回應方式時，對方就會「不知所措」。因為，他也沒辦法用「老模式」來回應你了，不是嗎？**當你的劇本改了，他的劇本就一定要改。**相信我。

兒子立刻關掉電視，他雖好奇媽媽今天是怎麼了，但還是很開心媽媽關心他。

然後，兒子興奮地跟媽媽說：「早上我去同學家寫功課，寫完功課我們一起去河堤公園騎單車，騎了很遠，路上看到很多白鷺鷥、蜥蜴、甲蟲，還有很多人在蹓狗，好好玩喔……」兒子迫不及待地敘說著今天發生的故事。

相信我，**人都有說故事的渴望，人都是渴望被聆聽、被理解的**。

媽媽聆聽著孩子的故事，發現孩子其實比自己還會過生活，她根本不用瞎操心。

那一晚，老公剛好不在家，她帶著孩子出去吃了一頓別緻又豐盛的晚餐，母子兩人聊得好開心，共度一個愉快的夜晚。你看，**小小的改變（回應方式），結局卻大大不同**。

我常說：「語言是有力量的。」「改變語言，就改變關係。」就是這個道理。這是一個活生生的例子。

如果，你也厭倦了跟孩子之間的拉扯，或厭倦了跟另一半的爭吵不休，何妨檢視一下：你都是怎麼跟他們說話的呢？回應方式是不是都千篇一律？而他們每次回應你的方式，是不是也都「照著劇本演出」？

如果你喜歡舊模式，就請繼續，我沒意見。但如果你想改變關係，改變現況，很簡單，就從你所使用的語言開始改變吧。

語言改變，劇本就改變，關係同時也就改變了。

一切改變，由我開始。千萬別妄想你的家人會先改變，不可能的。

現在，你只要改變你的語言（回應方式），用新的方式去回應家人，你在他面前，就是一個「嶄新的人」，令他無法捉摸。此時，你就贏了。

不是要你在面子上去贏別人，而是要你去贏回你想要的親情。畢竟，家人才是你的最愛，不是嗎？莫忘初衷。

爲了家人改變自己，是値得的。那絕對是愛。你在「實踐愛」。

10 不要出賣自己的靈魂

弄清楚自己的人生定位，
然後問自己：「我到底想過怎樣的生活？」
這是你的責任，每個人都得為自己的人生負責。
請不要出賣自己的靈魂。

有一天，朋友B突然跑來找我，跟我說她最近很煩、很混亂。

B跟我一樣都是心理工作者，好不容易終於拿到了博士學位，但面對未來何去何從，感到很徬徨。她想去大學教書，想說這樣比較安定有保障，但卻又想跟我一樣，做一個自由工作者，她也想要自由。

你看，人很貪心耶。

生活本來就兩難，當下，我只是問B一句話：「哪一種角色，比較可以讓你過你眞正想過的生活？」

B茫然地看著我，不解。於是，我只好說故事給她聽。

以我爲例。我說：今天早上醒來，我先喝一杯酵素，接著打開冰箱，把一碗煮好的有機黃豆拿出來解凍，然後去打坐。

打坐十五分鐘後（有時後更久，看情況），穿上球鞋去公園散步。我在一排綠蔭的榕樹下脈動練氣功，練了十五分鐘，再走到一叢桂花樹旁，深呼吸、吸收桂花香氣與能量（這是我的早餐之一）。然後，這才心滿意足地回家。

回到家，我把黃豆丟進果汁機裡，加上半顆蒸好的地瓜，加點熱水，一起打碎，就成了一大杯營養豐富、香甜可口的地瓜豆漿（我發明的，哈）。

接著，安然地坐在客廳沙發上，我一邊喝著美味養身豆漿，一邊看著陽台外的風景，發呆。突然，一隻白頭翁飛到我陽台的蝴蝶蘭上，驚喜。（有一次更幸運，看見一隻五色鳥光臨，叫我開心一整天。）

喝完豆漿，刷牙、洗臉，順便從冰箱裡拿出一塊面膜來敷臉。然後，我才打開筆電，開始書寫（不要懷疑，此刻我是敷著面膜的）。

兩個小時後，書寫完畢，起身，我開始整理家裡。

當我趴在地上拖地時，腦海裡想著中午該去超市買些新鮮的蔬果。對，今天我要煮五穀飯，晚上有朋友要過來吃飯，我想煮一鍋好吃的養生粥請他們吃。想畢，繼續拖地，突然，我聽見自己在唱歌。

這，就是我一天的生活。

我跟B說，這樣的生活沒有好壞，也不見得適合每個人，但是，它適合「現在的我」，這就是我目前想過的生活。

年過半百，我想讓自己過得從容一點、簡單一點。我不想再趕路了。

很多朋友都問我：「志建，你好不容易拿到博士學位了，為什麼不去學校教書當教授？」

你想想看，如果今天我去學校任教，我還可以擁有如此悠閒的早上、享受優雅的早餐嗎？絕不可能。

如果到學校教書，我知道我的時間永遠不夠用，而且我得去做很多我「應該」去做、而不是我「想」做的事。到了這個年紀，我選擇自己想過的生活方式，我不想再勉強自己。至於教授的光環，唉，一點都不吸引我。況且，我不是一個需要經濟穩定的人，我也不需要退休金，錢夠用就好，反正我一個人也吃不了多少。我跟B說：「年過五十，我只想隨心所欲、做自己。」

聽了我的故事，B雖理解認同，卻依舊充滿了疑惑。

「這樣的生活雖愜意，但會不會太過消極？而且，人眞的可以這樣隨心所欲地過自己想要的生活嗎？這會不會太自私了？」她問。

呵呵，或許別人（主流價值）會認爲這樣是消極，那我也沒辦法，我尊重每個人的生活價值與看法。我說過，這沒有對錯，這只是一種選擇，每個人要的本來就不一樣，不是嗎？

但現在這樣，就是我想要的生活。**這是我的選擇，我爲自己的選擇負責，沒有什麼自私、不自私的問題。**

而且，在他人看來可能消極，但對我而言，卻是積極。**我很「積極」在過自己想過的生活、「積極」想把自己的健康快樂找回來，你看不出來嗎？

我跟 B 坦承：以前我也經常把自己弄得很忙、很累、很不快樂。這些年，我深刻反思，問自己到底想要過怎樣的人生，我才會快樂？我發現：我要的其實不多，我只要過簡單的生活，就能讓我快樂了。過去，我把自己與生活弄得太複雜了，簡直是作繭自縛。現在，我唯一要的是：簡單、安靜，好好過生活。

人一旦搞清楚自己要什麼，就不會隨著世間的價值來回擺盪、隨波逐流。人一旦知道自己是誰，自然就可以去「定位」自己的人生。

定位人生，就像買車票一樣。你要先知道自己要去哪裡，才能買車票。如果你要去花蓮，你絕對不會買高鐵票搭去台中的，不是嗎？

但現在最大的問題是：很多人連自己要什麼、要去哪裡都不知道。

最後，我跟朋友說：「你得先弄清楚自己要什麼，包括你的人生定位。到底要過怎樣的生活，才會讓你快樂？如此，你才有辦法做選擇、做決定。」

B 自己也是學心理諮商的，這件事，她絕對可以幫自己，但她必須先誠實面對自己，這件事最難。

要弄清楚自己的人生定位，當然不是一蹴可幾。這十年來，透過書寫，我從不間斷跟自己對話，我從不放棄探索自己，於是，如今才能「一點一滴」確認出自己的樣子、知道自己到底想要什麼。

探索自我，永遠不嫌晚。

這是你的人生，請爲你自己負責，負百分之百的責任。

記得，忠於自己。請不要出賣自己的靈魂，否則快樂將永遠不屬於你。

療癒小語

§ 定位人生，就像買車票一樣。你要先知道自己要去哪裡，才能買車票。

第四章

人是靠放棄而獲得

敢放棄，是勇敢，

敢放手，是智慧。

懂得「放」的人，

人生才會 fun。

1 所有的美好，都發生在離開之後

其實每個人都有自己的速度、自己的方式，
不只是旅行，生活也是如此。
如果一直將就、配合別人，
這樣的人生注定活得辛苦。

這是上週六發生在台中私塾的故事。

馬雅第二次參加私塾，她是一個善良細膩、有自己想法的助人工作者。工作了幾年，她覺得累了，於是決定離職，到國外旅行、放空自己，然後，說走就走，今年三月她出發了。

她先去泰國，因爲有朋友住那裡，她跟這位朋友不熟，但朋友知道她想出走旅行，歡迎她來曼谷小住。馬雅去了，畢竟一個女生，想說住朋友家比較安全，但結果卻不是她想像的那樣。

住了幾天後，她發現這位朋友個性急躁，講話有時會大聲吼叫，常常把她嚇到，讓她感到不舒服。

但馬雅想說住在人家家裡，寄人籬下，就忍耐吧。

然而，日子一天一天過去，馬雅卻是越來越不快樂。直到有一天，發生了一些事，馬雅終於按捺不住心中的壓抑與委屈，難過地痛哭。

哭完、擦乾眼淚，她問自己：「這是我要的旅行嗎？」回到自己當初出走的初衷，馬雅瞬間清醒。

「不，這不是我要的。」於是馬雅決定離開朋友，開始自己一個人旅行。

接著，馬雅說了一句讓大家瞪大眼睛的話：「離開朋友後，屬於我美好的旅行才眞正開始。」哈，眞有意思，大家迫不及待地想繼續聽故事。

不急，馬雅先對之前的故事，做出了如此的反思：

「這件事其實我自己也要負責，明明早就發現自己跟朋友合不來，但我卻一直忍耐，允許她繼續侵犯自己的界線，不敢說也不敢離開，痛苦是我自找的，我要爲自己負百分之百的責任。」

哇，很深刻的看見。

怪罪別人容易，卻無助於生命的成長。佩服馬雅是有能力往內看的人。

這事件讓馬雅發現：其實自己是一個害怕衝突的人，她回應衝突的方式，不是逃避就是忍耐，於是讓自己很受傷、悶悶不樂。

看見，是救贖的開始。

不只如此。馬雅更發現：當初自己不敢當機立斷離開朋友，其實是出於內心的不安全感與恐懼，以爲住朋友家一來省錢、二來有個照應，想不到反而把自己「困住」了。

好誠實的告白。說到這裡時，我發現每個人的眼神突然都飄向了自己，若有所思。沒錯，這句話「打」到很多人。

馬雅繼續說故事，大夥兒專注聆聽，彷彿跟著她一起去旅行了。

離開朋友後，馬雅獨自前往泰北，路上遇到一群正要去泰北當志工的台灣人，於是與之結伴同行。這群年輕人熱血澎湃，有人跟馬雅一樣，也是剛辭去工作，想出走過過不一樣的生活，並找尋自己的人生方向。

理念相近、頻率對了，馬雅與這群熱血青年十分投機，她跟著他們去泰北當志工，住了好幾天，開心極了。她說她的生命，就像枯萎的花朵遇到陽光、空氣和水一般，整個綻放開來。

離開泰北後，馬雅繼續自己的旅程，前往尼泊爾。

一位台灣朋友知道她要去尼泊爾，於是很早就跟她約好，到時從台灣趕過去跟馬雅會合。但馬雅說，她的惡夢又開始了。

以前就聽過一個說法：如果你想認識一個人，就約他一起去旅行準沒錯。在旅行長時間的緊密接觸中，每個人的習性、個性都會「原形畢露」的（哈）。你想必聽過，跟朋友一起出去旅行回來的「下場」，不是成爲莫逆之交，就是從此形同陌路。

這位朋友跟馬雅在台灣就熟識，算聊得來，對方是個急性子、很容易焦慮，然而馬雅卻是一個慢條斯理的人，這趟旅行，她想放空、放鬆，不想趕路。不同個性的人要在一起生活，本來就困難，不是誰對誰錯的問題。那位容易焦慮的朋友一天到晚催促馬雅：「快點、快點！」讓她備感壓力，自己也變得好焦慮。

沒錯，「跟怎樣的人在一起，你就會變成怎樣的人。」情緒是會感染的。一開始，馬雅的「老模式」又來了：對，忍耐。直到有一天，她終於隱忍不住，又爆發了。

那天要去山上看日出，需要一大早四點多起床。一起床，朋友就一直催促著她：「趕快、趕快！」讓她好緊張、好焦慮。（哈，看日出是件很優雅的事，需要那麼緊張嗎？）

盥洗完、一出門，馬雅突然想到自己忘了帶手電筒，於是說：「我進去拿一下。」想不到朋友很不悅，立刻擺臭臉走人，讓馬雅感到十分錯愕。

到了集合地點，朋友又當著大家的面一直數落馬雅動作太慢。此刻，馬雅的怒氣已衝到了頭頂，但她還是忍耐，悶著頭繼續往前快走。

走著走著，突然全身冒冷汗，接著，馬雅的肚子傳來陣陣絞痛，摀著肚子，她在伸手不見五指的山路摸黑前進，此時，再也按捺不住心中的委屈與憤怒，她邊走邊哭。當下，她決定了，不去看日出了，她想回旅館。馬雅受不了了，生理跟心理都一樣。

回到旅館，上完廁所，馬雅回到溫暖被窩裡睡回籠覺，她決定先好好照顧自己。

睡醒後，馬雅身體恢復了，心，也清朗許多。

此刻，她心裡突然冒出一個聲音：「你不需要再忍耐了。而且，該是你離開朋友的時候了。」

馬雅決定遵循自己的靈感，當朋友看完日出回來，馬雅立刻找朋友「懇談」，馬雅讓她知道，這幾天她讓她壓力很大。談完後，彼此心裡都輕鬆許多，然後兩人就分道揚鑣、各玩各的。

「離開後，我的美好旅程就又回來了。」馬雅笑著說：「一個人走好開心，接著就遇到許多美好的人、美好的事。」

哇，很佩服馬雅的勇氣，敢去跟朋友說：「我尊重你的速度，但我需要用我的速度旅行。」這是愛自己，說得好。

其實每個人都有自己的速度、自己的方式，不只是旅行，生活也是如此。如果你一直將就、配合別人，這樣的人生注定活得辛苦。這正是很多人目前的生活寫照，不是嗎？

旅行中兩次跟朋友相處不愉快的經驗，讓馬雅感觸良多，最後她感慨地說出一句經典話語：「所有的美好，都發生在離開之後。」哇，如雷灌頂。只見私塾每個人立刻拿起筆、狠狠地記下來。

是的，唯有「放手」，勇敢離開讓你受苦的人與環境，不然，屬於你美好的日子，永遠不會到來。

馬雅的故事，叫人感觸良多。

人經常被困在一段折磨的關係或工作裡，出不來，讓自己痛苦，殊不知，困住你的，其實是你自己。因爲你不敢離開、不敢放手。

困住自己的，其實是你的習性、你的恐懼。不是嗎？

療癒小語

§怪罪別人容易，卻無助於生命的成長。

§所有的美好，都發生在離開之後。

§唯有「放手」，勇敢離開讓你受苦的人與環境，不然，屬於你美好的日子，永遠不會到來。

2 這一生，你最想修的功課是什麼？

旅人發誓，

窮畢生之力，他都要把這個「自由」學分給修好。

如此，他的生命才會完整，他的人生才沒有白活。

馬雅的故事還沒完，精采的還在後面。

自從馬雅離開朋友之後，雖然是一個人走，但她的世界卻越走越寬廣，她的旅行也越來越精采。不久，她就遇到一位「天使」。

故事是這樣的。

一天早上，馬雅去玩飛行傘，雖然有教練跟著一起飛，但馬雅還是很緊張。或許是旅行讓她變得勇敢吧，她決定克服恐懼，去嘗試不一樣的新鮮事物。她想要體驗在天空遨翔的感覺。她跟自己說：「我的人生就是要精采，不然白活了。」

接著，馬雅露出興奮的眼神告訴我們：「眞的好刺激、好好玩！從天空往下看時，你會發現這個世界變得很不一樣，好寬廣、好美麗。在大大的天空裡遨遊，讓我整個人好放鬆、好放鬆，所有念頭，幾乎煙消雲散。」

哇，這是「高峰經驗」。人的一生，如果儲存夠多的「高峰經驗」，你的人生，便眞的沒白活。

但馬雅要說的重點不是這個。

玩完飛行傘，到了中午，馬雅餓了，找了一家餐廳吃午餐。一進餐廳，馬雅看見一位外國旅人悠閒地坐在餐廳一角，他馬上吸引了馬雅的注意。他的樣子十分優雅，背包上還有個特別的圖案。

坐下來，馬雅點了一盤炒麵，突然那個外國人竟走向她，向她問話。或許是早上玩飛行傘的關係，此刻的馬雅很放鬆，她竟然邀請外國人一起坐下吃午餐，這跟以前的她很不一樣。想不到外國人也很自在，立刻答應了，就坐下來。他說他吃過了，但他很願意陪馬雅聊天。

炒麵來了，馬雅一邊吃著麵，一邊跟這位陌生旅人聊天。

突然，旅人說：「你慢慢吃沒關係，等你吃完後，我們再慢慢聊。」然後旅人就在一旁，安靜等候。

這句話，讓馬雅好感動。

馬雅心想：「哇，這個人真有耐心，願意等我吃完，再跟我聊天。」馬雅感覺很被看重，這跟之前朋友互動的經驗很不同。

不只如此。當旅人說話時（說英文），都會一個字、一個字慢慢說，可能是想讓馬雅聽得懂他的話（馬雅說，自己的英文也不是非常好）。馬雅很感謝他的善意，但他卻說：「I like slow.」

聽到沒？「我喜歡慢！」

喔，聽到旅人這麼說，馬雅整個人就更加放鬆了。

語言是有力量的。這絕對是善意，沒錯。

相較之前馬雅的朋友一天到晚在催促她：「趕快、趕快！」眼前這個旅人，卻是如此悠哉、氣定神閒，讓她感覺好放鬆、好自在。

旅人的自在，也叫馬雅感到自在，當馬雅用餐完後，兩人就繼續聊天。你相信嗎？他們從中午一直聊到晚上十點，驚訝吧。

「這個人好會聆聽喔。」馬雅說。

「他的眼神很專注，會看著你說話，你可以感覺到『他眞的很想聽你說話』，而且讓我感覺到『我很重要』。」馬雅繼續說。

是的，**如果你想幫助一個人，再也沒有什麼比「聆聽」來得更重要的了**，這是我二十年來的諮商經驗。怪不得他們可以聊這麼久。

旅人不只聆聽，他也說故事，他的故事精采到會讓你張大嘴巴。

馬雅問他：「你出來旅行多久了？」

旅人回答：「二十八年！」

馬雅當場傻眼，想說他是不是開玩笑。不，這是眞的。他已經出來旅行二十八年都沒回家。

「你不想家嗎？」馬雅問。

「**我四處爲家，有我的地方，就是我的家。**」旅人回得安然又篤定。

馬雅被他的話給震驚了，同時又被他那「氣定神閒的氣質」給深深吸引。

「眼前，彷彿坐著一位高深修行的禪師，在他面前，有一種說不出的自在、安定與放鬆。」馬雅說。

接著，旅人又跟馬雅說：「我這一生，主修『自由』。」

馬雅剛開始沒聽懂，以爲他大學或研究所念的是哲學系，他的論文研究題目是「自由」，但旅人認眞地回答：「不是大學，是人生。」

旅人再補充：「人生就是一所大學。」

他說：在人生這所大學裡，他最想修的，就是自由。他知道，如果不自由，他絕對不會快樂。所以二十八年來，他到處旅行，每天醒來的第一件事，就是問自己：「我快樂嗎？我今天要做什麼才可以讓自己快樂？」

旅人發誓：窮畢生之力，他都要把這個「自由」學分給修好。如此，他的生命才會完整，他的人生才沒有白活。

哇，這些話，很解構，馬雅的腦袋彷彿被一顆炸彈給炸開了。

震驚中的馬雅，卻感到相當困惑，她問旅人：「你想要自由，過著自己想要的生活，這樣不會很自私嗎？」

我猜很多人的想法一定跟馬雅一樣，這跟我們的文化有關。想不到旅人竟然平靜地說：「人本來就應該自私啊。」

蝦米（什麼）？馬雅一聽，驚嚇到差點沒從椅子上摔下來。但旅人說這話時，卻依舊氣定神閒，十分篤定，一副理所當然的樣子。眼前這個人，是一個溫和、有禮、能夠傾聽人，也願意給予的人，不管怎麼看，都不像是一個自私的人呀。馬雅更加困惑了。

旅人看出馬雅的困惑，於是進一步解釋：

「人如果無法做自己，無法先滿足自己，是絕對不可能對他人及社會有貢獻的。如果做自己就等於自私，人當然應該自私了，不是嗎？」

喔，有道理。馬雅茅塞頓開。

如果一個人可以「成為自己」，自然會對社會有貢獻，我絕對相信。現在的人，一天到晚都在滿足別人的期待，努力把自己變成別人想要的樣子，這樣的人生，會快樂嗎？我質疑。

後來旅人又補充：「我明白你們東方的家庭文化，關係比較緊密糾纏，你們的教育比較不允許你們做自己喜歡的事，這會被認爲是自私，我想這也是你們活得比較辛苦的原因吧。」

當場，馬雅望著這個「自由人」，若有所思，一時想到自己的家庭，想到這幾年自己所受的苦，突然有一種想哭的衝動。

那晚，他們共度晚餐，聊到晚上十點該休息了，才告別彼此。

告別前，旅人從身上拿出一樣小東西，送給馬雅當紀念。馬雅收下了，但她知道，最大的禮物，其實旅人已經給她了。遇上這個天使，讓馬雅領悟人生，如此珍貴的禮物，馬雅說，她會好好珍藏一輩子的。

如同早上坐飛行傘一樣，這又是一個「高峰經驗」。一天之內，可以經歷兩次高峰經驗，眞是夠本了，這就是旅行迷人的地方。

這個自由人的故事，不僅帶給馬雅反思，也帶給我及所有私塾伙伴極大的省思。

是呀，到底什麼是「家」？人活著，到底是爲了什麼？這一生中，你最想修的功課是什麼？最想過的生活是怎樣？這些答案，留給讀者自己去思考吧。

畢竟，**人生是你自己的，我們都要對自己誠實**。不是嗎？

療癒小語

§人的一生，如果儲存夠多的「高峰經驗」，你的人生，便真的沒白活。

§如果你想幫助一個人，再也沒有什麼比「聆聽」來得更重要的了。

3 人要為自己的受傷負責

別人要如何對待我，我無從選擇，我只能尊重，
但我可以選擇：
要如何去「回應」別人的反應。

馬雅跟旅人的對話，還有更精采的，也很值得跟大家分享。

雖然初次相見，但因旅人的傾聽與眞誠，讓馬雅很放心地跟旅人分享自己的內心事。

馬雅說，眼前這個旅人，像是一位得道高僧，如此安穩、充滿智慧，讓人感到放鬆、沒有壓力，所以馬雅就放心把自己給出去了。

馬雅把之前旅行跟兩位朋友相處不愉快的經驗，統統跟旅人分享，然後問道：「如果有人讓你受傷、難過，你會怎麼辦呢？」

想不到旅人的回答竟是：「我不會去指責他或想改變他，我會尊重他的行爲。」

馬雅當場又傻眼。瞎米，這是什麼意思？

「每個人會做什麼反應，都是一種習性，也都有他的因果，包括爲什麼你會跟這個人相遇，都是因果。你無法改變因果，也無法改變他人。各人的因果，各人承擔。你唯一能改變的，是你面對這件事時的態度與反應。」旅人神情自若，淡淡地解釋著。

果然是修行人沒錯，這根本就是開示。

我突然有點感慨。其實修行不一定要進入宗教，或在深山裡誦經念佛，人間就是最佳的修行道場，人際關係就是最好的修行試煉。

這位旅人，二十八年來雲遊四海、遊戲人間，或許這樣的旅行，就是他的修行，讓他在面對生命時可以如此豁達、安穩、有智慧。

馬雅若有所思，她需要時間來消化旅人的深奧見解。

沉默好一會兒，馬雅乾脆直接問旅人：「如果有人讓我受傷，那我該怎麼辦呢?」

「你該爲自己的受傷負責。有人要傷你,你可以選擇迴避或不回應。你要學會保護自己,不要讓自己受傷。」旅人又開示了。

短短幾句話,馬雅頓時開悟。

我不知道馬雅如何理解旅人的話語。但用我的話來解釋是:別人要如何對待我,我無從選擇,我只能尊重,但我可以選擇要如何去「回應」別人的反應。

迴避,就是中國人講的「趨吉避凶」,不是嗎?對傷害你、對你不友善的人,如果可以,盡量「迴避」他,不需要與之正面交鋒。

如果可以,「不回應」也是一種回應。縱使別人攻擊你、否定你,說出負面的話來打擊你,但只要你不對他的回應「有反應」,自然就不受影響,他的語言就失去力量。

如果你覺得難過受傷,表示這話碰觸到你內在某個脆弱點(地雷),這是我們自己「選擇」受傷的,我們要爲自己的受傷負責,跟他人無關。

換言之,你有另一個選項,就是:保護自己,不要讓自己受傷。

當然，或許有人會問：「如果我已經被傷害了，那該怎麼辦呢？」

是啊，人很脆弱的，即使別人沒有惡意，但經常一句不小心的話、一個眼神，都隨時會叫我們受傷的，那該怎麼辦呢？

我的經驗是：**先承認自己不舒服、受傷的感覺，不要否認，不要壓抑。**

接著，請去辨識自己爲什麼會感到受傷？

爲什麼別人這麼說、這麼做，我就會感覺受傷？

我的經驗告訴我：一定是別人踩到了我的「地雷」。這個地雷，指的是你的童年創傷或過往不愉快的經驗。

接著，第三個步驟，如果可以，請勇敢去跟對方說：「當你說了什麼或做什麼時，讓我感到很受傷。」好好地說出來，說你的「感受」就好，不要去指責對方。你只要如實表達感受，讓對方理解就好。

如此，你就讓別人知道：「你踩到了我的地雷，讓我很難過，但這不是你的問題，這是我的問題。」這樣就好。

如果對方沒有惡意，他不是故意傷你的，通常會立刻跟你致歉或表達遺憾。

如此，當對方跟我們說「抱歉，對不起」時，我們受傷的心立刻就舒坦，獲得療癒。

但如果對方沒跟你道歉，甚至還做很多解釋：「沒有啦，我不是那個意思，你想太多了，那是你自己的問題。」在這種情況下，你一定會更不舒服、甚至覺得更受傷，是嗎？那怎麼辦？

請不要氣餒。最起碼，你已經「敢表達出來」，這已經很不容易了。記得，我們要尊重別人的反應，不是嗎？

「**放掉**」期待，不要再追究了，不然，**你會更傷，但這是你的選擇**。每個人都有自己的功課，自己的功課自己修。

如果可以，請回頭去探索自己的「**地雷**」，並好好去「**拆解**」地雷，**別讓別人再去踐踏、引爆它了**。如此，每個不愉快的發生，就會變成一份禮物，這就是「人間修行」，不是嗎？

4 定位自己，重新命名

在每次的命名裡，
我們確認了自己的存在，並「定位」了自己是誰。

馬雅其實原本不叫馬雅。

說完自己的旅行故事後，馬雅當眾跟大家宣布：「請大家以後叫我Maya（馬雅）。」

然後，她跟大家解釋：Maya在尼泊爾話裡，就是「愛」的意思。

一趟旅行，叫馬雅領悟人生、看見自己。

她發現：終其一生，自己原來最想追尋與實踐的，就是「愛」而已。（其實每個人都是。）

身爲一個助人工作者，她相信：**唯有我先學會愛自己，把自己變成愛，自然**

就能夠愛人、甚至助人。我同意到不行，就像我經常說的：「你不能給別人你身上沒有的東西。」

當場，我立刻改口叫她「Maya」。我說：「好美的名字，感謝 Maya 今天帶來美好的旅行故事。」

「願意分享自己的故事」這件事本身，就是愛。沒錯。

從尼泊爾旅行回來後，馬雅的生命整個翻轉，變成了另外一個人，她不只變得清澈、沉穩，而且也變得好會說故事、好有分享能力。

就像今天，她不只分享自己尼泊爾旅行的故事，還特地煮了一大壺尼泊爾奶茶要請大家喝。她在家裡先煮好，然後再提著這一大壺重重的奶茶過來的，如此用心，你能說這不是愛嗎？

隔天早上醒來，馬雅的故事依舊在我腦海裡迴盪，這眞是個好故事。

我決定把它寫下來，跟更多的人分享。這個愛，得傳播出去。故事就是愛。

坐在客廳柚木大書桌旁，我打開電腦書寫，兩個小時過去，寫完一篇（就是那篇〈所有的美好，都發生在離開之後〉）。然後，把手攤開，我離開電腦，把背靠在椅子上，我的視線拉到眼前紗門外的露台，露台上種滿了各式盛開的花朵，還有幾隻蝴蝶在上面飛舞著。

望著花台，當下我突然覺得自己好豐盛、好幸福。

於是，我開始細數著自己的寶藏。

嗯，我有一間大房子，一個屬於自己的家，這裡有大露台，種滿了我喜歡的美麗盆花與綠色植物。我很自由，我做自己喜歡的工作，我創辦私塾，滋養大家，也滋養自己。我運動、游泳、跑步、靜坐，我很健康。我會書寫，我會說故事，我衣食無缺。我有分享的能力……

細數著自己的豐盛，不只讓我感到愉悅，同時也叫我當下「更豐盛」。

然後，那天下午，當我跟朋友通LINE時，突然靈機一動，我立刻改寫我在LINE上面的命名，我要叫「豐盛」。

做完這個「重新命名」的動作時，內在有一股能量自然流動著，頓時感到安適平和。

重新命名，**讓我們可以重新定位自己，並確認自己的生命狀態。現在的我，確實很豐盛。**

週三晚上當我把馬雅的故事在台北私塾分享後，一位叫蕙秋的學員也當眾宣布：「請大家以後叫我『杜餘』。」

大家聽得莫名其妙，請她解釋。她不疾不徐地說：「因爲我最近在清理家裡的大量東西。『杜』就是杜絕，『餘』就是多餘。我想要家裡乾淨清爽，就需要『杜絕多餘』的東西，我的人生也是。」

蕙秋上過我的 life style 改寫生命腳本工作坊，回去以後，立志改變生活，要把自己的快樂找回來。她清理家裡雜物，勇敢執行「斷捨離」，這就是她愛自己的實踐。

她說：自己住的屋子，堆滿了「不需要的東西」，雜亂不堪，如同自己現在的人生一樣混亂。她想到我說的：「**所有的外在，都是你內在的眞實呈現。**」「**清理外在，其實也在清理內在。**」蕙秋受夠了，她決心清理自己的屋子，同時也清理自己的人生。

於是她捲起袖子，開始狠狠地清理家中雜物，接著又來報名這一期私塾。這個人，說到做到，有夠猛，實踐力很強。

「**實踐才是王道。**」我經常說：「**沒有行動，就沒有改變。**」

此刻，我很樂於叫她「杜餘」，並見證她「清理」自己生命的歷程。當故事說出來，被聽到、被見證，生命自然就產生行動力量。

聽完馬雅與杜餘「重新命名」的故事，叫大家深切感悟。「生命是流動的。」在不同的階段人生，我們的生命都有不同的功課。聽說南美的原住民的名字就不是固定的，每經過一段時間，他們會更換名字，重新給自己命名，而且他們是根據自己最近的狀況或生命狀態來重改名字的。哇，好酷。在每次的命名裡，讓我們再次確認自己的存在，並「定位」自己是誰。這件事，就是敘事。

聽完這個故事，你是否也想給自己一個全新的命名呢？

療癒小語

§ 重新命名，讓我們可以重新定位自己，並確認自己的生命狀態。

§ 所有的外在，都是你內在的真實呈現。

5 放掉角色，做你自己

想要快樂，你得放棄。

放棄當好人、放掉過去別人加諸在你身上的角色與期待，老老實實做回你自己。否則，無解。

現代人很辛苦，每個人身上都有多角色，在家裡，你扮演的是女兒、太太、或媽媽的角色；一旦進公司，馬上又變成員工或主管的角色。

「君君、臣臣、父父、子子」，在不同場合，扮演好不同的角色，行禮如儀，恰如其分，這不只是禮節，更是一種人生智慧。

但有些人，卻一直活在某個固定的角色裡，出不來，讓自己活得很辛苦，他卻不自知。

有一次，我帶了一個志工成長團體，第一堂課自我介紹時，一位中年婦女一開頭便說：「大家好，我是吳媽媽，大家請叫我吳媽媽。」

我當場傻眼，心想大家年紀都差不多（她頂多四十歲，至少比我小一輪），卻要大家叫你吳媽媽，我們又不是你去班級說故事的小朋友。

別忘了，這是成長團體。每個人來到這裡，都是爲了認識自己的，現在你躲在「太太、媽媽」角色背後，要如何看見眞實的自己呢？

於是我對她說：「感謝你讓我們知道你嫁給姓吳的，不過，我們可以知道你叫什麼名字嗎？我們要如何稱呼你呢？」

只見婦人當場臉色僵硬，突然變得很彆扭，彷彿說自己的名字是要逼她裸體、脫光衣服一般，叫她很難堪。

我一點都不訝異。在我們的文化裡，很多婦女一旦進入家庭後，就沒有了自己，就失去了自己的「名字」，因此過得很不快樂，不然，她幹嘛要來參加成長團體？

於是，我藉機進一步說：「請把自己的名字找回來，你可以回家再當媽媽就好，現在，你可以做你自己，做最眞實的自己。」

稱呼是一種「認同」，更是一種「自我定位」，小心你的稱呼。

還有一種情況，你一定聽過。很多婦女會稱呼自己老公是「爸爸」，叫兒子爲「哥哥」，叫女兒「妹妹」，這種看似親密的稱呼，其實會把家庭整個序位給「搞混掉」，我眞的建議你：「最好不要。」

爲什麼呢？

你知道嗎？很多人結婚不是在找「老公、老婆」，根本就是在找「爸爸、媽媽」的。如果你童年缺少一個好父親，你就想在伴侶關係裡去彌補這個缺憾，然後把這個期待「投射」到老公身上，期待他要當你「理想中的好爸爸」，期待他要如爸爸一般呵護你、愛你。

告訴你，很多婚姻悲劇就是從這裡開始的。因爲他不是你爸爸，他也不想當你爸爸，他只想當你老公，相信我。

在投射的關係裡，我們會不自覺地想要掌控對方，去玩很多「心理遊戲」，然後把自己與對方都搞得精疲力竭，最後兩敗俱傷。

上週我帶一個內在小孩療癒工作坊，來了一個五十幾歲的中年男子，他是台商，動機強烈，特地從北京回台參加我的課。

一開始自我介紹時，他很眞誠地跟大家分享：「我一直都很忙、很累，我像一個陀螺般，一直轉不停。我這一輩子都在照顧人、討好人、當好人，這讓我好累，我很想做回自己，很想好好休息。」說這話的時候，他眼眶泛紅，大家都好心疼。

說到最後，卻忘了交代自己的名字，我提醒他，他竟說：「對了，大家都叫我陳爸爸，你們也可以叫我陳爸爸。」

啊，當場我又傻眼。心想：難怪你會活得這麼累，因爲你一直要當別人的「爸爸」嘛。

相信我，他是不自覺的。

他不知道把自己搞得這麼累的人，其實就是他自己。

怎麼說呢？

你知道有些人從小沒被父母重視過、愛過，甚至一天到晚被否定，自然就會長出「討好模式」。他會努力去當「乖孩子」、做家事，甚至考第一名，爲了就是被父母「看見、肯定、認同」。這種孩子，你熟悉嗎？

這位學員，一輩子都在服務別人、照顧別人，自然贏得「陳爸爸」的美名。這種照顧他人的模式，就是源自家庭、童年經驗。照顧他人沒有不好，但如果過份了，就變成討好，討好就是一種「生存模式」。

如果沒有自覺，這種討好的生存模式就會跟著你到長大、甚至到你進棺材時，都不會變。

怎麼辦呢？

除了自覺，無他。

第二天課程最後，我問中年男子：「請辨識一下，爲什麼你想要當『陳爸爸』？這個命名滿足了你什麼？又帶給你什麼影響？你眞的喜歡去服務每個人，當別人的爸爸嗎？」男子當下覺醒。

如果不自覺，他會永遠當好人、討好別人，當別人的「爸爸」，但同時，他也會繼續抱怨自己活得好累、好痛苦。這種「老掉牙」劇本，會反覆出現在他的生活中，沒完沒了。唉，夠了。

當好人沒有不好，只是，「剛剛好」就好。

想要快樂，你就得放棄，放棄當好人、放掉過去別人加諸在你身上的角色與期待，老老實實做回你自己。否則，無解。

療癒小語

§ 稱呼是一種「認同」，更是一種「自我定位」。因此，小心你的稱呼。

§ 把自己搞得這麼累的人，其實就是自己。

6 心在哪裡，路就在哪裡

如果有一天，你找到了自己的天命，
就請你，大膽放手一搏。
不去努力看看，你永遠都不會知道：「這是不是我的天命？」

剛剛收到一封海外讀者的來信，看完後，把我嚇出一身冷汗。坐在電腦前，我沉思良久，在想要怎麼回覆這封信。

喔，信的內容大致如此（爲尊重讀者隱私，有修飾過）：

周老師您好！

剛剛看完您的書《擁抱不完美》，內心有一股衝動想要寫信給您。看完書，我很激動，內心被您的故事給深深觸動了。此刻是晚上十二點多，平時的我早睡了，但我現在很興奮、睡不著，所以想寫信給您。

看了您的書，我想很多人都會想去當心理治療師吧。其實，我一直都想當心理師的，哈！

非常欣賞和佩服您可以把這些痛苦、受傷寫成「故事」，而且寫得淺顯易懂，讓讀者容易理解明白並接受。感謝您教我們如何說、寫自己的故事，並藉此認回自己、療癒自己。

其實，我一直都很想找一位心靈導師來跟隨，希望以後可以跟您多通信、保持長期連繫，感恩老天爺賜給我們這個難得的緣分。

信寫完，心情舒服多了！

感恩您的書、您的故事。加油！

眞的很感謝讀者的厚愛，喜歡我的故事、我的書，這份「看重」，我十分珍惜、也很感激。但想要把我當作心靈導師來「跟隨」，還希望長期跟我保持連繫，喔，老實說，聽到這些話，我不但不會高興，還立刻嚇出一身冷汗。

其實，我的文字及故事，只是我的一部分，並不是我生命的全部。我這個人跟你想的，可能不一樣。

我擔心：學生對老師、或讀者對作者，有時都有著過度的期待與幻想，總把對方投射（想像）成自己心目中「想成為的某種完美形象」，這是有危險性的，請小心。相信我，我跟你心中想的那個「完美形象」，絕對不一樣。

我一點都不完美，請不要跟隨我。

再加上我是做敘事的，敘事強調「去專家化」，我一點也不想當別人的專家或心靈導師，我只想自在做我自己就好。

我相信：每個人都是自己生命的專家（這是敘事治療的相信）。自己的生命，自己作主。請信靠自己，不要輕易去信靠某個權威或專家，否則你會掉入另外一個權威「陷阱」裡，迷失自己。

現代人經常迷惘、急於尋找生命的出口，很多人會去上心理課程或投入宗教靈修，這都沒有不好。但我也看過，很多人一旦進入宗教，便是「有了上師，卻沒有了自己」，從一個權威，跳進另一個權威裡，任人宰制。新聞裡常見的斂財騙色，就是這樣來的。

現在坊間裡也有越來越多講師自稱自己是某某「大師」或「心靈導師」，成立「粉絲團」，要人家來崇拜他、跟隨他，這種「大師亂象」，叫人看得心驚膽跳。人總是虛榮，滿嘴仁義道德的人很多，但做跟說其實是兩回事，要小心。人要愛惜羽毛。我自己在這方面很警醒，經常反思，提醒自己不要被虛名給迷惑了。**我定位自己：我只是一位「分享者」、一個「管道」罷了。**我喜歡這個定位，實實在在做人、做自己就好，我還不夠格去當別人的心靈導師，我也不想，請不要來追隨我。

另外，還想說的是：**適合我走的路，並不一定適合你。每個人要走的路都不同，唯一相同的是：人要忠於自己。**

我說故事，只是在分享我的生命經驗，雖然故事很有力量，它會讓你看見自己、帶給你反思，但是希望讀者可以明白：並不是每個人都要跟我一樣，成爲心理師或助人工作者。你有你的路，我有我的路，每個人的「天命」都不一樣。

不是每個人都要當醫師或心理治療師的，你不用跟別人一樣，除非，這也是你的天命。

你一定想問我：「那我怎麼知道這是不是我的天命呢？」是不？

其實很簡單，只要你安靜下來，聆聽自己的心，就會知道。如賈伯斯所說的：「follow your heart.」跟隨你的心，然後記得，要採取行動，勇敢嘗試。

心在哪裡，路就在哪裡。

你根本不需要跟隨任何大師，你只要跟隨自己的心，就好。

跟隨你的心，大膽嘗試、放手一搏，不去努力看看，你永遠都不會知道：「這是不是我的天命？是不是適合我？」實踐是必要的，行動才是王道。

其實，人只要做自己快樂的事，幾乎就是通往天命之路了。我這幾年的生活經驗，是這樣告訴我的。

7 OFF的人生智慧

每當工作一段時間後，他知道何時該喊「停」。

他給出「ＯＦＦ」的人生概念：

他說機器要「ＯＮ」，也要「ＯＦＦ」，更何況是人。

朋友M是一位室內設計師，他買了房子，重新裝潢，邀請好友去他家作客。中秋節前夕，我跟一群老朋友開心地到他家吃飯。M跟我一樣，都是年過半百的中年人，特別的是，一年多未見，再看到他，發現他變了很多。以前，他是中年發福的體態，但現在，不但變瘦了，氣色還相當好。大家都十分好奇他怎麼辦到的？追問下，只見他氣定神閒地跟我們說：「這一年發生了一些事，讓我的生活大大轉彎。」

M的故事十分精采。

五十歲以前的他，經常工作忙碌、只會賺錢。做設計很忙碌，他經常沒日沒夜地趕工，雖賺了很多錢，卻也賠上健康。有一回他生重病，一個人在家躺了三天三夜無人照顧。那場病讓他感慨萬千，也叫他想通了一件事：**就算賺再多錢，如果沒有了健康，你也無福消受，這樣的人生根本白忙一場。**

M說：「我已年過半百，未來能活多久也不知道，生這場病叫我突然覺醒，覺得生命不該只浪費在工作上。」自從大病後，他痛定思痛，大量減少工作，改變生活，不但開始運動，還到處旅行。

以前的他，只會賺錢、不會花錢。**現在，他覺得錢「夠用」就好了，他想贏回自己的人生。**

M的金錢觀與人生觀的丕變，叫人眼睛一亮。從此以後，他的生活也出現一百八十度的大逆轉。現在，他變成了生活玩家，不信？我說給你聽。

首先，他開始運動了。他把工作減少一半，其他時間就騎著單車到處遊山玩水。他的單車是好幾萬元的名車，他一身的單車騎士行頭，帥氣十足，也是上萬元。他開始捨得花錢，捨得投資自己、投資健康了。

現在只要不工作，他就騎著單車，賞遍山間美景，騎單車讓他每天流很多汗，這就是最好的排毒，難怪他氣色那麼好。

不只如此，台灣玩不夠，他還跑到國外到處旅行。上個月，他才剛到歐洲自助旅行一個多月，叫我好生羨慕。

他說，走出台灣，他才知道這個世界是如此寬廣美麗，也才知道什麼叫做「活著眞好」。以前每天躲在狹隘的工作室裡，日夜顚倒、不見天日，根本是機器人，更像被監禁的犯人。人眞是自我虐待。

喔，其實大多數人不就是這樣在過生活的嗎？

他決心要好好享受自己的人生，享受他上半生辛辛苦苦所賺來的錢。新屋裝潢，他用心設計，把屋子設計得很溫馨、很有自己的格調。所使用的材料都是環保綠色建材，他說雖然貴一點，卻讓他住得健康又安心。他想開了，健康快樂第一，其他都是次要的。

家裡的地板，他選用了上好的柚木，其中客廳一整面牆及浴室的天花板都是檜木，當我走進他家，馬上就聞到一股淡淡的檜木香，彷彿走進一座森林一般，通體舒暢。木頭可以自然調節溫度、濕度，他帶著滿足的笑容跟我們說：「這是一座會呼吸的房子。」

他的改變不只如此。

這一年來，他也不再熬夜了，每天十點過後就準備就寢，早上五點鐘一到，身體就自然醒來，根本不用鬧鐘。醒來後，他會在視野良好的頂樓陽台上種菜、做瑜伽，欣賞日出，迎接全新的一天。

朋友跟我一樣，家裡是不裝電視的，但他裝了個好音響。他知道電視不是好東西，會擾亂人的心智，花太多時間看電視簡直是浪費生命，他說現在自己的生命很寶貴，他不想再浪費生命。

我們坐在鋪滿南方松木板的陽台，一邊聊天、一邊喝著他陽台栽種的薄荷、甜菊等新鮮花草茶，同時聆聽著客廳裡高級音響所傳來的優雅古典音樂，此刻，心中平和，有一種安穩的幸福。

這樣的家居生活，我十分嚮往，當我輕輕啜了一口淡淡清香的花草茶時，心裡就大喊著：「這才叫生活嘛。」

飯後，當我走出Ｍ的家門時，感染著朋友新家的溫馨及美好的生活改變，心中感到溫馨又滿足。「這才叫生活嘛。」這句話反覆在我腦海裡播放。這幾年，我也在走同樣的路，只是，他實踐得比我更徹底。

走在秋風裡，微微涼風宜人舒爽，我突然想起另一個故事。

好幾年前電視裡曾介紹一位餐旅學校的蘇國垚教授。蘇先生從年輕開始就喜歡騎腳踏車，學生時代，有一次他騎著一輛破舊腳踏車，想從台北騎到高雄，結果腳踏車店老闆娘聽了大笑，跟他說：「那是不可能的啦！」但是，他辦到了。

他說，只要我想做，就能辦得到。他除了意志力驚人，也是個工作狂，工作相當投入專注，但每當工作一段時間後，**他知道何時該喊「停」，他給出「ＯＦＦ」的人生概念：他說機器要「ＯＮ」，也要「ＯＦＦ」**，更何況是人。

每當工作累了、缺乏靈感，他就會騎著單車出遊，而且每次都騎很長很長的路。他遊遍全台灣各地，一邊欣賞著台灣的美，一邊讓自己放鬆、洗滌心靈。

當人有能力「ＯＦＦ」，也才有能力「ＯＮ」，蘇先生的故事提醒我們：記得停下來。

人就是缺乏這樣「ＯＦＦ」的生活智慧。我們總是過度操勞自己，不捨得關

機、不捨得休假、更不捨得出走去旅行。每天的生活，像是滾輪上的白老鼠般，一再重複、一成不變。

但這不能怪我們，因爲我們永遠被期待要「加油」、要「努力」，卻從來沒有人教我們要「踩煞車」、要「停下來」，不是嗎？

現在，爲了贏回你的人生、你的健康，你得幫自己裝上「煞車」，學會說「夠了」。如此，你才能享受美好的人生。

療癒小語

§ 就算賺再多錢，如果沒有了健康，你也無福消受，這樣人生根本是白忙一場。

§ 為了贏回你的人生、你的健康，你得幫自己裝上「煞車」，學會說「夠了」，如此，你才能享受美好的人生。

8 不藥而癒的秘訣

其實很多病人根本都不需要吃藥，
病人唯一要做的是：
徹底改變自己的生活習慣。
你，就是你自己最好的醫生。

有一天，朋友D興奮地跑來跟我說：「你知道嗎？我已經有九天可以一覺睡到天亮，不用半夜起來吃胃藥了。」我張大嘴巴、驚訝地望著他，一副不可置信的樣子。

「眞的嗎？」我再三跟D確認，擔心我聽錯了。

「你是怎麼辦到的？」我迫不及待地問D。

D已經胃疾纏身十多年，平時白天還好，每到晚上睡覺之後，就開始疼痛。

長期以來，他每到半夜都要起來吃胃藥，否則根本無法入眠，可想而知，他的睡眠品質一定不好。

「因爲這次我遇到一位好醫師。」接著，D開始跟我說起這個神奇的就醫故事。

上個月D胃痛，就近到一家小診所就診，本想說去拿個胃藥吃吃就好。結果，看診的是位老醫師，他是某大醫院退休的醫生。老醫師並沒有像其他醫師一樣，一聽到D胃痛，馬上就開胃藥給他吃，反而問了他一堆問題。

老醫師問D平時的飲食習慣、作息、有沒有運動？做哪些運動？頻率如何？將近問了十分鐘，鉅細靡遺。問完後，還是沒有立即開藥給D。

老醫師轉身拿起一個人體圖，拿到D的面前開始「上課」（哈！D這麼跟我說）。

透過人體圖解，老醫師跟D解釋他晚上睡覺爲什麼會胃痛的原因。

「你晚上吃太多東西，胃還來不及消化，剛好你的幽門鬆了，食物逆流，所以半夜才會胃痛。」老醫師解釋。

最後，老醫師直接說：「你根本不用吃藥。」

啊，D當場傻眼。心想：「那我這十多年的胃藥不是白吃了嗎？」

是的。

老醫師繼續又花了十分鐘，給D訓話。

「現在開始，你要改變飲食習慣，不只是晚餐不能吃太多，連作息也要正常，更重要的是：你要每天運動。」老醫師再三囑咐，才放他走。

D跟我說，當老醫生問他多久運動一次時，D本來還很有自信，想說平時就有運動習慣，應該不會被罵。「一個禮拜約二到三次。」D回答。

「不夠，要每天，每天至少半小時。」醫生命令。

D一臉猶豫，跟醫生說：「可是平時我工作很忙耶。」

老醫師立刻用堅定的口吻說：「沒有藉口！再也沒有什麼比健康更重要、更值得投資的事，不是嗎？」

那種毫無商量餘地的口氣，叫D無言以對，但也給了D開始每天做運動的決心與力量。

要是在一般大醫院，醫生根本不可能花這麼多時間去詢問病人，還要「教育」病人。為了節省時間，大多直接給藥吃就好，不是嗎？

「難怪這家診所病人不多，因為老醫生不喜歡開藥，卻喜歡罵人，當然沒人肯來。」D大笑。雖然被這位可愛的老醫師「訓」了一頓，但D卻心甘情願。因為，他不得不承認：醫生說得對。

回家後，按照醫師的吩咐，D開始嘗試過「新生活」。每晚，即使美食當前，他依然克制，不再是先吃再說。

「從第一天晚上就奏效了。」D開心地說。

這已經是第九天，不用半夜再起來吃胃藥了。如此不藥而癒的「新故事」簡直是奇蹟，D很開心，彷彿重生一般。（這形容可一點都不誇張，不信你試試看每晚半夜胃痛的滋味。）

這真是個好故事，我跟D都被這個老醫師給感動不已。我開玩笑說，這個老醫師不「開藥」，只「開示」，太酷了。

我跟 D 都是學敘事的，我們一致認同這個老醫師的問診方式，這叫做「脈絡性的理解」。

傳統的醫生「只看問題、只給藥吃」，但這位老醫師不只看「病」、更看「人」。他很有耐心，願意仔細聆聽病人的生活作息、飲食習慣，如此才能找出眞正的病因。

「藥不是好東西，一直吃藥不只浪費國家醫療資源，而且傷身。」連老醫師自己都這麼說。**「其實很多病人根本不需要吃藥，病人唯一要做的是：徹底改變自己的生活習慣。藥物只是治標、不治本。」**眞是一針見血。

但沒辦法，我們的文化讓我們對疾病有著根深柢固的慣性與「偏執」，我們太迷信藥物了。很多人去看病，如果沒拿藥，就覺得沒看到病一樣。

我們都太依賴醫生、太依賴藥物了，卻忘記：「根本問題，其實都出在自己身上。」其實是我們自己讓自己生病的，能解救你的人，只有自己。

「你就是你自己最好的醫生。」這個療癒新觀念，不管對生理或心理的病都適用。老醫生的訓誡，是對的。

這次不藥而癒的經驗，叫D深深領悟生命的奧妙。

原來生病不是壞事，痛只是一種訊息，它在告訴我們：「你該改變了。」可能是改變作息、改變生活方式，或改變你的價值觀。

當身體「打電話給你」時，請不要掛身體的電話（訊息），要接住喔。不然，有一天你的身體會「掛」給你看，到時後悔莫及。

生病，不一定要吃藥，但你要改變。只要放棄讓你生病的生活方式，重新好好過生活，如此，健康絕對不是夢。

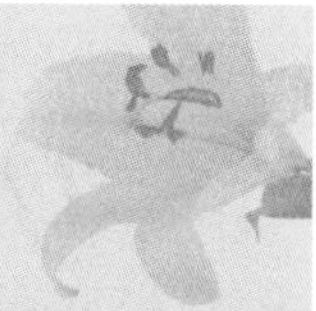

療癒小語

§是我們自己讓自己生病的，能解救你的人，只有自己。

§原來生病不是壞事，痛只是一種訊息，它在告訴我們：「你該改變了。」

9 多出來的一天，意外卻美好

原來，只要我不抗拒，願意「順服天意」，任何時刻，都是美好時刻。

今天，我原本該在高雄某諮商中心上課的。但現在，我卻坐在台中自家的客廳裡，聽雨聲、發呆、寫作。

麥德姆颱風來襲，讓全台灣的人都放了假，有人歡喜、有人憂。上午，我搭著高鐵，穿越陣陣風雨，回到台中。

其實，剛開始我並沒有那麼想放颱風假的。

這兩天剛好我人在高雄帶工作坊，昨天上完第一天，大家上得很開心，我也希望連續上完，這樣比較完整。再說，既然都來了，如果第二天沒上完，以後還是要來補課。喔，一想到還要找時間補課，就覺得很麻煩。於是，心中暗自禱告：

「拜託，不要放假。」

但終究，天不從人願，人算不如天算。

麥德姆這個不速之客，忽北忽南，捉摸不定。當從電視新聞確定高雄也放颱風假時，我當場傻眼，心裡立刻冒出：「靠，怎麼會這樣？」

訝異、抗拒、失望。

關掉電視，獨自坐在旅館雪白的床上，我發著呆，想著接下來該怎麼辦？

「接受啊，不然能怎麼辦？」心裡有一個我，發聲了。

然後，我拿起筆來，開始自由書寫。寫著寫著，於是，我看見：有一個我，很怕失控，不想改變，不想放棄，想要控制一切。

放颱風假，打亂了我的行程，讓我措手不及。是的，我經常想要控制，我不想失控。

然後，我看見那個「想要控制的我」，有點不安焦慮。

在紙上跟「焦慮、抗拒的我」對話完之後，很快的，我卻瞥見「另外一個我」，提出不同看法：**「這是天意，接受吧。」**這是**「隨順的我」**。

十年前生了一場大病，讓我長出這個「隨順的我」。這個我，是放鬆的、放手的，願意接受一切發生。

「最近你不是很忙、很累嗎？這是老天給你機會休息、要你放假，難道你看不出來嗎？」隨順的我如此提醒。

「生活爲什麼一定要照表操課呢？放輕鬆點，偶而脫離軌道又何妨？」它繼續說服我。

很快地，我被說服了。

的確，魔蠍座的人，做事經常一板一眼，缺乏彈性。我承認。

書寫完，念頭一轉，心境也跟著轉。呵，我自由了。

對這個多出來的颱風假，此刻的我，不只「欣然接受」，還滿懷感恩。

這個「多出來的一天」，或許是老天爺給我的禮物。我開始這麼認爲。

瞬間，豁然開朗。然後，突然想起了小時候，心裡多麼渴望放颱風假的興奮心情。那時候，只要放颱風假，那一整天，我都會感到莫名的快樂與輕鬆。這個「多出來的一天」，是如此美好啊。

這一天，彷彿是一面「免死金牌」，我可以無所事事，沒有計畫、沒有目標，去做任何我想做的事，或不做什麼也可以。

喔，好懷念那個可以吃零食、吃泡麵、聽風聲雨聲、發著呆、悠閒度過一天的颱風日子。**這個「脫軌」**的一天，**暗藏著自由**，滋養了我的生命與任性。

這個「多出來的一天」，讓我遠離了規律、秩序、責任、作業、待辦事項的正常世界。瞬間，我躲進了一個「緩慢、輕鬆、有趣的異想世界」，這裡彷彿是「桃花源」，讓我可以逃離紅塵，輕鬆做自己。

此刻，當我流連在過去「放颱風假的美好記憶」時，我的心，突然明亮了起來，我變得好開心。「對，我要把這個多出來一天的美好記憶給找回來。」我對自己說。

颱風夜那一晚，我睡得很沉，完全置身在風雨之外，心裡平安極了。

隔天早上，課程主辦人小婷開車載我去搭高鐵。一上車，她就告訴我，這是她最不想放颱風假的一次，她更想上課。

小婷是個認真又體貼的人，我同理著她的失望，說：「我也是。」

但隨後，我立刻轉頭笑笑地對她說：「或許，這是上天的美意，老天爺要我們放假、休息，我們就好好放鬆休息吧。」是的，我們都累了，都需要休息。

今天的高鐵也因爲颱風而「打破規矩」，取消所有班表，改爲固定半小時發一班車，所有車廂都是自由入座。哈，正合我意，我喜歡「自由」。

坐上高鐵，我選了最少人的車廂，再找一個靠窗的位置，一坐下，大大鬆一口氣，身心安定了。此刻，**我的身與心都像棉花一般，鬆鬆的、軟綿綿**。

高鐵窗外，佈滿著厚厚的雲，灰濛濛的天空裡，偶而幾隻白鷺鷥飛翔著。突然一陣強雨打在車窗的玻璃上，發出「啪啪」的巨響。我喜歡這種感覺，很動盪卻又寧靜，很突兀的畫面，彷彿置身電影中。

漫無目的地望著窗外綠油油的稻田及無人的街道，強風吹走了酷熱，也吹走了世界的紛亂。**寧靜！在動盪中，有一種純粹的寧靜**。

此刻，時間與世界，彷彿都暫停了。坐在高鐵上，心，是靜止了。此刻的我，如此平和，很「臨在」（being）。

回到台中，因爲心裡知道今天沒有工作、沒有任何「待辦事項」等著我，讓我有一種輕飄飄的自由與愉悅。

一進家門，先去露台看我的花，太好了，一切安好。當下安心，同時很感恩好心的鄰居幫我把花盆搬進遮雨棚裡。

在這個一陣風、一陣雨的下午，我獨自一人坐在露台的木椅上，聆聽著風聲雨聲，凝望著花及露台外陣陣忽大忽小的風雨。那一刻，**我與天地合一**，心中有種說不出的安穩。

享受著風雨中的寧靜，此刻，絕對可以納入我生命中的「高峰經驗」，這是一個充滿靈性的片刻。

當我進入一種深遠的寧靜時，我深深吸了一口氣，對天祈禱，感到一切俱足。感謝上天，感謝麥德姆颱風幫我安排的一切。「人靠放棄而獲得。」說得一點都沒錯。

我是一個執著、不容易放棄的人。這次靠老天爺幫忙，祂強迫我放棄工作、要我停下來。若非如此，我不可能好好休息、享受這無所事事的美好一天的，不是嗎？

此刻，我突然發現：**原來，一切的發生，都是那麼「剛剛好」**。

10 連土地都要休耕，何況是人

如果不提醒，我會繼續把「秋冬」當「春夏」在過，我會繼續趕路，忘了漫步在秋天的美好與浪漫。

就在即將完稿的前夕，我做了一個夢。

我夢見一片稻田，從小秧苗開始慢慢成長，漸漸長成一片綠油油大地，接著是黃澄澄的一片黃金稻田，然後秋收割稻。秋收後，田裡燒著稻草、煙霧瀰漫，有一種慶祝豐收的感覺，最後，土地燒成一片焦土。

很奇怪，在那片焦黑的土地裡，我可以「感覺到」裡面充滿了養分，同時，也「聽見」土地在說：「大功告成，接下來好好休息了。」

夢醒時分，躺在床上，回味這個夢，讓我有一種盈滿豐盛的滿足感，我十分清楚這個夢要給我的隱喻及啓示是什麼。

我的人生，不也是走到秋天了嗎？

五十年的歲月，如同稻子的成長歷程。此刻，正是我的秋收時分。

小時候家裡四周都是稻田，我十分懷念秋天裡稻田收割的畫面及燒稻草的味道，這個夢，讓我備感溫馨。

這個夢，眞眞實實地在提醒我：我該好好享受秋收的果實、好好過一個溫暖的秋冬了。

如果不提醒，我會繼續把「秋冬」當「春夏」在過，我會繼續趕路，忘了漫步在秋天的美好與浪漫。

我是一個無可救藥的完美主義著，最近一直來回校稿，看得我眼睛發痠發痛，我是該停了。

就如同我的上半生一般，我一直很認眞、很努力工作，我也該停了。

連土地都需要休耕，何況是人。年過半百，該是放慢腳步的時候了。

此刻，我只想：回到生活裡，好好輕鬆過日子。如同這本書的書名，我想要：好好「把自己愛回來」。

我知道，我生命的「折返點」到了。

有一天，好友L告訴我一個故事。

某年他參加一個旅行團到雲南，有一天，到了一處位於山上的名勝古蹟，在山下某個定點，導遊跟他們說：「你們可以自由上山遊覽，但記得要在兩小時內回來，不然遊覽車不等人，你要自行回去。」當然，這裡是荒山野嶺，你是不可能自己走回去的。

L是喜歡獨自旅行的人，好不容易逮到機會，不用跟大家走在一起，他開心極了，迅速脫離人群，享受一個人的獨處時光。

迷戀著山光水色，他一個人走到忘我，不知不覺，已經過了一個鐘頭，但他尚未到達山的最高點，那邊有座寺廟耶。他心裡很掙扎，他很想繼續攻頂、走上去看看那個寺廟，但如此肯定無法在兩小時內趕回集合地點。怎麼辦呢？

最後，他只好忍痛折返，不然，他會趕不上遊覽車、無法回家。

然後，L告訴我，這個經驗讓他有好大的領悟：人生不也是如此嗎？人不能一直往前衝，折返點到了，該折返就得折返，否則你會「回不了家」。（這個

「家」，包括心靈的家，包括你的靈魂。）

他的故事，讓我想起另一個網路流傳的故事，你可曾聽過？

一位老農夫一直抱怨上天都不眷顧他，讓他窮苦一輩子。上帝聽見了，於是，就跟老農夫說：「現在，你只要從這裡開始跑出去、再繞一圈回來，你所跑的圓圈範圍土地，都是你的。但切記，你一定要在太陽下山前趕回來，不然全都不算數。」

農夫聽了，開心極了，迫不及待就拚命往前跑，跑越遠，他越開心。

當跑到中午時，他氣喘如牛，汗流浹背，想說是否該折返了，不然無法趕在太陽下山前回到原點。但他的貪婪告訴他：「再忍耐一下，再多跑一些，我就可以連兒子、孫子的土地都給跑回來了。」

於是，他繼續忍耐往前跑。一直跑、一直跑，他忘了折返。當他看見眼前的夕陽時，突然想起上帝跟他說的：「你必須跑回到原點，所有的努力才算數。」於是他就趕快回頭，拚命跑回去，但一切都爲時已晚。這一天，他白忙一場。

好喜歡這個隱喻故事，**希望我的人生不要像這個老農夫一樣，白忙一場。**

「擁有不如享有。」無法停止的追逐，一生汲汲營營、忙忙碌碌，所爲何事？停下來，好好吃一頓飯，停下來，好好欣賞一下美景，如此你的努力方才值得。「停」，原來是一種能力，也是智慧。

一直趕路，停不下來，你什麼都看不見，你的人生也將會失去許多美好。停，才能看見。切記，切記。

療癒小語

§人不能一直往前衝，折返點到了，該折返就得折返，否則你會「回不了家」。

§停下來，好好吃一頓飯，停下來，好好欣賞一下美景，如此你的努力方才值得。「停」，原來是一種能力，也是智慧。停，才能看見。

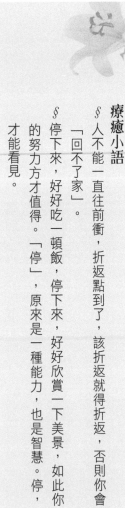

第五章

勇敢活出自己的樣子

有些人總是活得跟別人不一樣。

這種敢活出自己樣子的人，

眼裡總散發著光芒，

生命是如此亮麗、耀眼。

1 當自己的好父母，把自己愛回來

是的，我們唯一能做的，
就是「自己當自己的好父母，把自己重新愛回來」。
愛，是唯一的救贖。你別無選擇。

有些人總是活得不痛不癢、要死不活的，人生缺乏目標，生活沒有動力，像一枝枯萎的花朵般，每天帶著空洞的身軀晃來晃去，不知道自己在幹嘛。這種人，你見過嗎？

西班牙有句諺語：「有些人三十歲就死掉了，六十歲才進棺材。」應該就是形容這種人吧。

淑芳大概就是如此。

她是一位國中老師，教書十幾年，缺乏工作熱情，做什麼事都沒有動力。

暑假一過，即將開學，她出現極大的焦慮，她害怕開學，更害怕每天一成不變的日子。她說自己每天過得像行屍走肉一般，生命沒有一點熱情，她受夠了這樣的生活與自己，她想改變，於是來找我晤談。

我聆聽她的故事，同理她的情緒，同時也進入她的生命，理解她內在的恐懼與孤單。每一個失去靈魂的生命，都有故事的。

原來淑芳的父母很早就離異，她跟著媽媽長大，母親患有憂鬱症，很情緒化，充滿恐懼，沒安全感。淑芳是母親唯一的依靠，因此母親把她「抓得緊緊的」，要她放學一定得馬上回家，限制她在外面交朋友。淑芳必須活在母親的視線之內，不能離開。這眞的很慘。

更慘的是，母親一天到晚對她使用言語暴力，不是數落她這個不好、那個不對，不然就是恐嚇威脅：「連這個都不會，以後誰敢娶你？」（這絕對是詛咒，淑芳年過四十，依然沒結婚。）「功課沒寫完，你別給我吃飯！」（怪不得她會活得如此焦慮不安。）

活在母親的情緒暴力與控制下，淑芳失去了童年與純眞，更不知快樂爲何物。這就是她現在活得沒有熱情、沒有動力，像個活死人一般的原因吧。

很心疼這樣的生命，我鼓勵她「爲自己出征」，把靈魂與生命熱情找回來。

晤談中，我提醒她：母親已經過世了，但她必須也把內在那個「內化的母親」也給請出去，否則，她不會有好日子過的，她會繼續批判自己、虐待自己。

「過去，你都是爲母親而活，但現在，你得爲自己而活。過去不等於現在，現在不等於未來。」我再次提醒。

「過去的遭遇，或許不是你可以選擇的（有誰可以選擇自己的母親？），但注意，人生的後半場，下棋的人，是你。**你不是棋子，你得把生命的主導權給要回來**。如同今天，是你主動來找我晤談，這是你自己的決定、你的選擇，不是嗎？」我這麼說，是要提醒淑芳不要繼續活在過去裡，請她走出媽媽的陰影，爲自己的人生負責。

是的，我們唯一能做的，就是**「當自己的好父母，把自己重新愛回來」**。**愛，是唯一的救贖，你別無選擇**。

當淑芳跟我說，她除了學校上課，下課就是回家看電視、上網，生活單調、一成不變時，我很心疼，於是跟她說：請不要再繼續過「以前你媽媽要你過的日子」了。

「以前母親不讓你出門，不讓你交朋友，但現在你長大了，已經沒人限制你了，請你帶著『小淑芳』走出家門，去認識這個世界、交交朋友吧。」很多人常會跟淑芳一樣，忘記自己已經長大了。

我鼓勵她走出去，去做自己喜歡的事，把自己愛回來。

跟我談了半年後，淑芳漸漸認回過去那個受傷的小女孩，也漸漸恢復感覺，並在自己的生活裡找到新節奏，她的日子越過越不一樣，也越過越精采。

以前放學，她會立刻回家，不再出門，如同她小時候一樣。但現在，下課後她開始爲自己安排好玩的事，例如跑去社區大學學陶藝。她說，每次專注在捏陶的過程中，她的心有如湖水般平靜。

不只如此，每週她會去社區運動中心游泳三次，甚至還選了一門瑜伽課來上。游泳跟練瑜伽，讓她的筋骨變得柔軟許多，以前她每天都是坐著，白天坐辦公桌、晚上坐著看電視，經常腰痠背痛，但現在，身上的痠痛都沒了。

她生活改變了，整個人煥然一新，心情開朗許多。

不只如此，因爲學陶藝及練瑜伽，讓她新認識了一些不錯的新朋友，假日時，她會去朋友家吃飯或跟著朋友去爬山、泡溫泉。**她不再是孤伶伶的一個人，一天到晚守著該死的電視和電腦。**

然後，更令人驚訝的是：這學期淑芳去學校的心情，也跟以往截然不同。她變得喜歡去學校、喜歡跟學生互動了。

我十分好奇這個轉變，問她是怎麼辦到的？

她跟我說：「我現在終於知道以前自己爲什麼討厭去學校教書了，因爲我只在乎學生的成績，只在乎他們考幾分，就如我老媽以前對我一樣。我討厭我跟我老媽一樣。」哇，好深刻的覺察。

不只如此。她更發現：「其實我在乎學生的成績，不是爲學生，而是爲了我自己。現在學校教書很競爭，我擔心自己教的班級會輸給其他班，這代表『我不夠好』，所以我會一直逼學生用功，其實我是擔心我會輸、會沒面子。如同小時候我老媽逼我念書，其實也是爲了她的面子一樣。

同時我也知道，我媽害怕我功課不好，其實是害怕『我功課不好，就等於她不是好媽媽』，我現在就是這種心情。我很痛恨我媽當年逼我念書，想不到如今我卻複製了我媽的模式。真慘，難怪我跟我老媽一樣都得憂鬱症，快樂不起來。」聽到這些話，我差點沒從椅子上摔下來。

最後，淑芳跟我說：「夠了，我決定脫離老媽的影子，我要拯救自己，活出新的人生。」

終於，她「改寫」了自己的生命腳本。現在的她，走出家門，每天去做自己喜歡的事、交新朋友，享受著自己所創造的嶄新生活，她變了一個人。

此刻，在我面前的她，不再是一枝枯萎的花朵，而是盛開綻放的太陽花。這朵花，迎向陽光，風姿搖曳，如此耀眼。

療癒小語

§過去或許不是你可以選擇的，但注意，人生的後半場，下棋的人，是你。你不是棋子，你得把生命的主導權給要回來。

2 看見，是救贖的開始

當她把小時候「因遲到而被責罰的自己」給擁抱回來以後，
她對兒子也鬆了，她不再焦慮兒子上學是否遲到，
她改寫了自己的故事。

每個人都有自己的習性、自己的 life style，就像我，我是一個準時的人。從小到大，不管上學、跟人約會或工作，我幾乎都很準時。

「準時，這是好習慣啊！」我猜，很多人都會這樣說。

我同意，比起遲到，準時的人肯定受歡迎許多。但我也很清楚，這個準時的 style 絕對不會只有好處，沒有壞處。

當我習慣了「要準時」，自然我就也會去要求別人準時，當別人遲到，我就暴跳如雷，感覺不被尊重。你看，我的情緒是掌握在別人手上的。

同時，爲了符合「一定要準時」的模式，每次出門，我都很緊張、害怕遲到。於是，我成了緊張大師，無法從容度日，我不喜歡這樣的我，這就是準時之「害」。

課堂上我經常說：人所有的行爲、style，都是被建構的。我這個「要準時」的背後，當然是有故事的。因爲，我有一個軍人出身的父親。

記得小學一年級第一天上學，清晨五點我就被父親從床上挖起來，準備去上學。記憶中，我經常睡眼惺忪、走在天色灰濛濛的早晨裡，漫步去學校，而且，幾乎每天都是我第一個到學校，因爲教室門鎖著，於是我就得去敲老師宿舍的門拿鑰匙。

上週帶工作坊，說到這故事時，我還開玩笑說：當時的小學女老師，會不會經常在睡夢中被我吵醒，心裡不停咒罵著：「這個死小孩，每天一定要這麼早來嗎？」（哈！）

十五年前，我學了敘事，開始學會說故事，透過這樣的脈絡性理解，我終於把當年那個被強迫準時上學的小孩給擁抱回來。然後，我就鬆了，解脫了。

現在，我依然會準時（我肯定這個價值），但現在的我，不再會因他人遲到而暴跳如雷。每個人爲自己負責就好，我釋懷了。同時，當我盡力了，就算偶而遲到，我一定道歉，但我不再有罪惡感。我學會「放過自己」了。

看見自己的模式（style），了解這個模式是怎麼來的，於是，我們就可以不再受制於這個模式，甚至超越這個模式。自覺是治療的開始，這就是修行。

上週 life style 生命腳本工作坊結束後，隔天，我在臉書上看見學員小芳寫了一篇好故事，印證了我上述的話。

臉書上，小芳寫著：「所有對他人的批判，其實都是對自己的批判的僞裝。如果你自身沒有你所批判的特質，你根本就不會在別人身上看到這個特質，不然，即便是你看到了，你也不會有任何情緒化的批評。」說得好。

小芳爲什麼會這麼說呢？有故事的。

原來，她有一個每天上學都會遲到的兒子。兒子很會賴床，動作慢吞吞，每天都把她給氣炸。她說，孩子考試考不好，她完全不會生氣，卻獨獨對兒子遲到這件事無法容忍，這件事可以讓她一年三百六十五天，天天生氣。

後來，小芳看了我的書，上週又來上我的工作坊，透過閱讀與書寫，她終於明白了：自己為什麼會那麼在乎兒子遲到這件事。

小芳說：其實自己從小也是一個愛賴床的小孩。小時候，因為不喜歡上學、抗拒上學，就不想起床、一直賴床，所以上學經常遲到。

「當時我媽也是每天抓狂、嘶吼著罵我起床，如今，我卻變成了她。我竟然變成我媽媽，而我兒子就是當年的我。」小芳十分感慨。

如果沒有覺察，很多人都是這樣：「用自己媽媽的方式在當媽媽。」沒錯。

不只如此，小芳更覺察到：從小學到高中，學校都訓誡她：「不要遲到，遲到是不好的行為。」於是，就算她考試成績再好（前三名），但因經常遲到，卻讓她操行不及格。大人如此反應，叫她認知到：「遲到」跟「操行不好」是畫上了等號。於是，這件事就這樣深深烙印在她的心底，成為她今天無法忍受孩子遲到的魔咒。

「原來，我是不想要我的孩子跟我一樣操行不好。」哇，終於真相大白。

這是一種深度的看見。**看見，是自我救贖的開始。**

最後，小芳在臉書上寫著：「小時候的我很倔強、不服輸，不願意屈服於這種莫名其妙的教條和處罰。但是，不斷被責備的壓力和『操行不好』的標籤化，卻深深傷害了我。現在，我想把內在那個受傷的小孩給擁抱回來，我要好好地告訴她：『你沒有錯，遲到不是多大壞事，你不是壞小孩。』」

看到這裡時，我的眼眶就紅了。

小芳終於打破了過去大人給她的標籤與魔咒，當她把小時候「因遲到而被責罰的自己」給擁抱回來以後，她對兒子也鬆了，她不再焦慮兒子上學是否遲到，就算遲到，她也不再暴跳如雷。她的故事，改寫了。

然後，說得也奇怪，當她心情平穩，不再焦慮兒子是否遲到時，她竟然發現：兒子也變了，反而越來越少遲到了。

一切改變，由我開始。萬事相互效力，生命是如此奧妙，不是嗎？

3 最難爬的那一座山，是自己生命這座山

逃避比面對容易。
如果不去面對自己生命這座大山，
你將一輩子被困在山裡，出不來。

我喜歡大自然，更喜歡走在大山裡的感覺。

每當我心情不好、需要安靜沉澱自我時，我就會把自己帶入大山中走路，很單純地走路，一直走、一直走，彷彿當下的世界只剩下我跟大山。我會讓自己走到滿身大汗、走到不能走爲止。然後，叫囂混亂的心，就停歇了。

走入深山，彷彿也走進自己內心深處的幽暗。流了滿身大汗的同時，我也把自己心裡的混亂污氣給排了出去，這就是我的大自然療癒。

無獨有偶，另有一個人也是靠著大山來療癒自己的。

有一天，在TED網站聽到謝智謀教授的演講，他說他小時候經常被父親家暴，每當被打得很慘時，他就會躲到山裡療傷，療心裡的傷。大山是一個溫暖的母親，撫慰他受傷的心，療癒這個被家暴的孩子。

他的故事很精采。

演講一開始，他就先告訴大家：「我是ADHD（過動症）的個案，等一下說話會很快。」這就是擁抱不完美。

我經常被應邀到處演講，只要主題跟「擁抱不完美」有關，我就會放映謝教授的演講影片給大家看，他絕對是擁抱不完美的最佳示範。

影片中，謝教授會一直提醒大家：我是ADHD的個案，我曾經混幫派、是少年保護管束個案，我也曾患憂鬱症、想自殺。過去生命種種的不堪與印記，他一點都不避諱，他勇敢地認回「每一個自己」。

他是一個眞實的人。聆聽這位生命勇士的故事，你一定會被激勵到熱血沸騰。

當人可以「擁抱」自己生命的陷落與不堪時，也才能去「超越」生命的陷落

與苦難，這就是他的演講主題「生命的陷落與超越」。這十年來，我不斷地在說自己的故事，就是在做這件事。

每個生命的不堪經驗，都值得被你如實地接納，當你擁抱它時，就不會繼續被它所束縛、綑綁，你就解脫、自由了。

「無法接受生命，就無法超越生命。」生命之道，就是如此。

謝教授雖在大學任教，但跟一般的教授不一樣，他不是那種只把自己關在研究室裡，爲了升等而做研究、寫論文的教授。他是一個充滿生命力與人文關懷的實踐者，他經常帶著被家暴、被性侵的孩子一起去爬山，如同當年的他一樣，他用過去療癒自己的方式，去療癒那些受傷的孩子。

這幾年，他更經常帶著台灣的青少年、年輕人去尼泊爾、印度、非洲等偏遠資源匱乏的地方做志工，幫忙蓋學校、服務當地人。他說：「台灣的青年很棒，非常溫柔、非常善良、非常有力量，只是缺乏平台與機會，這幾年我找平台、找機會，讓台灣的孩子可以在世界發光、發亮，讓台灣的孩子可以去祝福全世界。」

「孩子不是不能飛翔，而是我們把他的翅膀綁起來；孩子不是不能動，而是我們沒有機會讓他動。」他說得一點都沒錯。

謝智謀老師這場十八分鐘的演講很精采，絕無冷場，叫人聽得熱血奔騰。

「只有生命可以抵達生命。」我經常如是說。故事是有力量的，在他的生命故事裡，我們獲得啓發、激勵自己、充滿力量。

謝教授很喜歡爬山，尤其是高山。

幾年前，上帝再次考驗他。因心臟血管嚴重阻塞，他住院開刀，出院後，醫生囑咐他：以後不能再爬高山了（心臟負荷不了）。他屈服了嗎？不，這一次，他依然沒被困住。

經歷了無數生命的困頓與苦難，造就了他驚人的毅力與勇氣，他高山照爬，甚至爬到更高——六千公尺以上的雪山。這個人的生命如此頑強，大概沒有什麼可以困住他的吧。

他的力量哪裡來的呢？來自生命裡的困頓與陷落經驗。

如同他最後所說：「我的生命曾經在陷落中、墜落中，但因著恩典、因著祝福，讓我超越生命。**當我開始超越的時候，我發現過去的苦難就成爲現在的祝福，**

過去的悲傷就成爲現在的力量。過去所有經歷的生命經驗，就成爲現在我可以去祝福那些最基層、最貧窮落後地方的本錢。**讓我可以樂在其中、去服侍世界上需要的人的力量，就是來自過去的苦難經驗。**」唉，很美的生命見證。

「生命最難爬的山，不是四千、五千、六千公尺的高山，而是你自己生命這座山。」最後，謝教授這句話如醍醐灌頂，所言甚是。

生命這座山，無人能替代，只有自己能攀登。要如何攀爬自己生命這座山呢？沒有捷徑，我們只能一步一腳印，如實面對自己，面對生命裡所有的發生與經驗，不否認、不迴避，如是而已。

逃避比面對容易。如果不去面對自己生命這座大山，你將一輩子被困在山裡（那個苦痛經驗），出不來。

好好說故事，誠實面對自己的生命，生命這座大山，你總會有登頂的一天。

到了那一天，站上高山頂峰，面對眼前一片海闊天空的美景，你會知道，這一切都是值得的。

4 去做讓你快樂、有熱情的事吧

一個人是不是在做自己喜歡的事，
你看他的表情就知道，騙不了人的。

你有想過「到底什麼是成功」嗎？

請定義你自己的成功，不然，老活在世俗、別人所定義的成功裡，不但活得辛苦，你也注定一輩子不快樂。

如果你問我什麼是成功？我會說：「**一個人走在自己的道路上，敢做自己喜歡的事，就是成功。**」

但最近，我遇到一位年輕人，讓我將這個成功定義做了小小修正。這個年輕人，讓我覺得他很成功。

我的成功「進階版」定義是這樣的：「**一個人不只敢做自己喜歡的事，而且**

還要做得很開心。這樣的人充滿熱情活力，就是成功。」

為什麼我會這麼說呢？讓我來說說這年輕人的故事吧。

那天晚上，結束台中私塾課程，我散步在綠園道，走在秋風裡，我享受著課後的輕鬆與初秋的清涼。

台中這條綠園道眞有特色，不但有各種裝置藝術可欣賞，還有年輕人販賣自己做的手工藝品，甚至還有各種街頭藝人表演，這是一個充滿活力與人文氣息的好地方，我很喜歡。

當我走到誠品前的市民廣場時，遠遠就看見那邊一大群人圍觀著，我十分好奇，走了過去。喔，我看見一個年輕人奮力打著非洲鼓。

如果單單只是打鼓，是不可能有這麼多人圍觀的。

我發現：放著音樂，他不但打鼓，還邊跳舞，非常非常熱情地跳舞。

我注意到：不管是打鼓或跳舞，他的表情都十分專注投入。我形容：他是用「整個生命」去做這件事的。當下，他全身散發著無窮的熱力，奔放的熱情有如水柱般，潑灑向四周圍觀的民眾，他的表情既陶醉又快樂，他的快樂感染了現場每個人，更蔓延到整個廣場與夜空。

哇，好有生命力的年輕人。

過去，我看街頭藝人表演，通常只會好奇地探頭望一眼，不到一分鐘便離開、繼續往前走了。但這一次不一樣，我跟所有圍觀的民眾一樣，被這個年輕人的快樂與熱情深深吸引住，我一直站著，目不轉睛，幾乎忘我。

你知道他的表演有多吸引人嗎？

就連很多阿公、阿嬤都在看，甚至一位三歲的小朋友也開心地圍繞著他一直跳、一直跳。這一幕，逗得大家好開心。

這個年輕人的表演是成功的，他不但自己嗨（high），也讓所有看他表演的人都很嗨。他給出一股巨大的能量，渲染著每個人，快樂無比。

回到家，我立即在臉書上分享今晚所遇見的熱情年輕人，我說：「如果你最近過得不開心，活得很悶，請你到市民廣場來，看看這位年輕人的表演，保證你會很嗨。」我絕不虛言。

他的成功，不只在於他能成功地吸引大家的目光，從他表演時的投入表情，我真的相信：當他在做這件事時，他真的很快樂。

一個人是否快樂，你看他表情就知道，騙不了人的。

配合著音樂，他一連敲打了好幾首歌，早已滿身大汗，他的背心濕透透，最後他索性脫下背心，光著上身打鼓，露出精壯結實的好身材，當然，還有人魚線。那一刻，大家更嗨了。

二十分鐘的表演裡，他與音樂、大鼓合而爲一，幾乎渾然忘我，這絕對是藝術創作的最高境界。那一晚，因爲這個年輕人，讓這個城市充滿了活力與歡樂。**我相信，快樂本身就是一種療癒。**

還沒完。當表演結束，暫時告一段落時，他拿出小費箱放在前面，然後一鞠躬，就下去了。我觀察到：下台的他，擦汗、喝水、跟旁邊的朋友隨意聊天，他一點也不在意今晚有多少收入、小費，彷彿，他已完成了一件自己喜歡的事，開心，就夠了。

這個人，完全沒有得失心。由衷佩服。

這樣的人，在我眼裡，絕對是成功的。

從這個年輕人身上，我學到一件事：一個人只要「全心全意」去做自己喜歡的事，而且做得開開心心的，生命自然奔放熱情，這樣的生命自然吸引人。

過程開心，就是最好的報償。過程比結果更重要，請不要去計較，你會賺多少錢？別人會給你多少掌聲？這些不是不重要，但它是次要的，因爲，最美好的果實，你已經獲得了。

沒有了得失心，讓我們所做的事，更加純粹、更加有力量。單純就是力量，這是我在這個熱血青年身上所看到、學到的。

PS：據說這個年輕人名叫蝌蚪，他跟幾個年輕人成立了「拍拍手樂團」，到處表演。他打非洲鼓，其他人則表演魔術等才藝。如有空，請週末晚上到台中市民廣場看他們表演，同時也給這群「快樂做自己」的年輕人打打氣。快樂，是無價的。他們的表演，充滿了歡樂與療癒，請把自己帶來，也讓自己快樂吧。

5 連試都沒試過就放棄，那才是失敗

不要害怕夢想，更不要背棄自己內心的渴望
敢去「實踐夢想」的歷程本身，就是成功。

從前有一個少年，他生長在一個純樸的農家。

他的父親期望他成爲一個神父，因爲這將會爲他那平凡的農人家庭帶來莫大的榮耀。但男孩從小就渴望去認識這個世界，對他而言，這比了解上帝和人類的原罪更重要。

一天下午，他鼓起勇氣告訴父親：「我不想當神父，我想去旅行。」因爲旅行才可以實現他認識世界的願望。

父親勸誡兒子：「很多人來到我們這裡旅行，想尋找新鮮事物，然而當他們離去時，基本上還是跟來時一樣。」意思是：不管去到哪裡，回來都是一樣。

「但我也很想去看看他們住的城市和城堡。」男孩說。

「那些人到我們這兒，看了我們的地方，都會想永遠住在這裡。」父親繼續說服。

「但我還是希望能認識他們住的地方，知道他們是怎麼過生活的。」男孩不爲所動。

父親最後使出殺手鐧：「那些人都有足夠的錢供他們旅行，像我們這種人，只有當牧羊人才能到處旅行。」

「那麼我就去當牧羊人吧！」男孩堅定地說。

最後，父親不再多說什麼了。

隔天，父親給兒子三個金幣，讓他去買羊。他祝福兒子，但依然說：「總有一天，你會明白我們的土地最肥，我們的女人最美。」

少年接受了父親的金幣與祝福，但他卻在父親的眼裡，看出父親其實也是渴望去旅行的，儘管他因爲數十年睡在同一張床上，天天爲水與糧食奮鬥，不得不深埋內心的渴望。

這是出自我最喜歡的一本書《牧羊少年奇幻之旅》裡的故事，相信大家都不陌生。

後來，少年離家，爲了圓夢去當一個牧羊人，並展開一趟驚奇的尋寶之旅，故事十分精采。他的故事深深影響了我及很多人，叫人產生勇氣，敢去追尋自己的夢想。

我經常跟許多父母說：拜託你，請你不要當孩子生命的絆腳石。

故事裡，少年的父親沒有成爲孩子的絆腳石。他說服不了孩子，於是就放孩子出去闖天下。但我知道，在我們的文化裡，孩子可沒那麼幸運。

爲了保護孩子，很多父母總希望孩子走一條安穩、安全的路。殊不知，這條安穩的路卻不見得適合所有人，也不見得可以讓你的孩子幸福快樂。但父母不管，畢竟，他們也是這樣活過來的。

一天早上，我在臉書上看到另一位年輕人的故事，感動不已。

他是另外一個牧羊少年。

這年輕人叫賴奎吾，他現年才二十一歲，正在等當兵，德國已經有一個自己喜歡的好工作在等著他，退伍後，就可以赴任。

「這麼年輕，大學畢業了嗎？」你一定很好奇，是不？

沒錯，他大學沒畢業。上高中以後，他發現：高中生活每天考試，課業繁重。他形容，這種生活「只有一種顏色」。他受夠了，於是毅然決然休學一年。

休學那年他十六歲，一個人揹起行囊，跑去歐洲當交換學生。

到了德國，他大開眼界，發現別人的教育跟我們完全不一樣。德國學生很踴躍發言，可以跟老師充分「對話」，沒有所謂的「對錯」或標準答案。德國學校是「多元教育」，高中生可以選擇自己喜歡的科目去學習，不是功課好的才是好學生，他們也不覺得會念書的人比會運動的人「更優秀」。

德國學校有二分之一的時間都在放假，於是他就揹著背包到處去旅行，勇敢冒險。爲了省錢，旅行中他從沒住過旅館，不是睡車站，不然就是借住朋友家或當「沙發客」。沿途怕寂寞，於是他就訓練自己大方去與人交談，交了不少朋友。借住朋友家時，他還會煮一桌子台灣料理請朋友吃。你可以想像嗎？這個孩子才十六歲耶，然而他的能力絕非一般大人所及，不是嗎？

他很喜歡汽車，在德國那一年，他跑遍了所有的車展。

回到台灣後，他繼續念書、升學，後來雖考上大學，卻只念了一學期，就跑去跟父母說：「台灣的教育沒辦法給我想要的東西，我想出去尋找自己的機會。」

佩服。這讓我想到前面牧羊少年跟他父親的對話，如出一轍，眞是勇敢的孩子。

我猜，一般的父母一定會強加阻撓。「先把大學念完再說。」「你一個去外面太危險了，媽媽不放心。」「你給我好好念書就好，別想太多。」

這就是「絆腳石」。

好，請聽聽賴奎吾的爸爸是怎麼說的：「你已經是大人了，你的決定，我們不會阻擋你，但記得，這些責任、後果都要由你自己一人承擔。」

這個爸爸叫人更佩服。**如果你要孩子「爲自己的人生負責」，那麼就請你，放手。**

賴媽媽也不遑多讓。他們都愛孩子，卻不溺愛孩子。

賴奎吾喜歡機車，在十八歲生日過後一天，立即去考了機車駕照，考上了，興沖沖地跑去求媽媽給他買機車，賴媽媽連想都不想，只回：「免談。」**賴奎吾碰壁，卻不放棄。**

他立刻上網搜尋，想看看有沒有什麼方法可以讓他免費得到一部機車。

結果，還眞給他找到了。剛好有廠商出了一款新機車，正好在徵求試車員，只要騎著它上山下海，並寫一份機車性能報告，就可以拿到新車。

這就是一種生存能力。**只要父母不要急著給，有時匱乏就是最好的老師，**它會讓孩子長出自食其力的能力。這個故事也讓我想起《牧羊少年奇幻之旅》書上一句話：**「當你眞心渴望一件東西時，整個宇宙都會聯合起來幫助你。」**牢牢記住這句話，這是眞的。

那一年賴奎吾從德國回來以後，就開始打工賺錢，因爲他心裡明白，德國才是他的最終去處，只有那裡才能給他想要的東西。

大一時，他已經辛苦存了十萬元。大一念了一學期後，他立刻休學，偷偷買了一張機票，然後在出發前一週才告訴家人：「我要去德國。」

這個年輕人眞有種，他的生命完全由自己作主。他不是棋子，他是下棋的人。

到了德國，賴奎吾並沒有去念大學，他想先工作。他主動寫信給一家德國汽車貿易老闆：「請你給我一個月的實習機會，你不用付我薪水，時間到了，如你不滿意，隨時可以炒我魷魚。」

老闆回信跟他說：「等你當完兵，歡迎你到我公司工作。」

於是，他順利得到自己人生第一份工作。（我要是老闆，也會用他。）

一個人敢去要他自己想要的東西，勇於自我推薦，這就是膽識、就是自信。

同時說了兩個年輕人的故事，其實我想說的是：親愛的朋友，請不要把自己困在「舒適區」裡，勇敢走出去吧。這個世界，比你想像的還要善良、美麗、寬廣。而你，比你想像的還要有力量，還要勇敢。

如果連試都不試就放棄，在我看來，這才是失敗。

「美好的人生，是一個過程，而不是成爲什麼。」切記啊。

6 勇敢去過自己想要的生活

每天我都會把自己帶出去散步一次，
不管是清晨或黃昏，漫步河堤時，
我都會跟自己說：「今天，我只要散步過一次，就沒白活了。」

又到了蓮花盛開的季節。

每年夏天，除了賞蓮，我還喜歡煮新鮮的蓮子湯喝，這是我的招牌拿手煲湯。我煮的冰糖雪耳蓮子湯，蓮子香甜綿密、入口即溶，吃過的人都讚不絕口。

有一次，好友K到我家，就指名要喝我煮的蓮子湯。我煮了一大鍋，他吃得津津有味，然後抬起頭來問我：「爲什麼你這麼喜歡吃蓮子湯？」

喔，這當然是有故事的。

喝著蓮子湯，讓我想起十幾年前一個很美的故事。

記得那一年夏天，朋友找我到台南白河賞蓮，我們找了一位當地人當導遊，他是一位很特別的年輕人，寫了一手好書法、喜歡畫畫（尤其畫荷花），他是一位詩人，更是一位生活藝術家。

他其實很年輕，才三十來歲，大學念中文系，畢業後到學校教書，但一年後就辭職不幹，回到純樸的老家白河鎮定居。

你一定好奇：當老師不是很穩定嗎？爲什麼不幹？

他說自己是鄉下長大的孩子，只適合鄉下簡單的生活。還有，他想念他的蓮花，他喜歡每天散步在蓮花池的感覺。

厚，我終於發現有人比我還任性。

他是一個優雅的文人，同時，他也是一位很專業的導遊。

當我們早上十點多抵達白河時，他就立刻領著我們到某處賞蓮，他說一大早他已騎著單車跑遍了白河鎮所有的蓮花池，發現今天這裡所開的蓮花最美，於是就帶我們來這兒觀賞。

「荷花的美是動態的。」他告訴我們：每一天、每個時辰（清晨、中午、下午）蓮花開得都不一樣。不只如此，賞蓮除了看時辰，還要配合氣候，晴天、陰天、雨天、有風、沒風，蓮花都有不同的風情與韻味。眞的很專業。

「美，是有它的節奏的。」他接著說。

「節奏？什麼是節奏？」我好奇地問。

然後，說時遲那時快，突然間，下起了一陣急雨，當下，雨水打在荷葉上，滴答滴答，發出聲響，雨水滴在翠綠的荷葉上，一顆顆圓潤滾滾、晶瑩剔透。當下，他邀請我們安靜，聆聽雨聲、賞荷葉上的滾滾水滴、及在雨中綻放的蓮花。一切渾然天成，哇，美極了。然後，他轉頭跟我說：「這就是節奏。」

厲害，當下領悟。他是好老師。

賞完蓮花，到了傍晚，他請我們到他家吃晚餐。他母親炒了好吃的鱔魚麵招待我們。我參觀他的家，如一般農家般簡單純樸，很有味道。他說他每天的生活很簡單，就是寫毛筆字、散步、賞荷、畫荷，他喜歡過簡單的生活。我覺得他是古代的文人。

對了，他還把自家的豬舍改成畫室，屋頂開了天窗，他說這樣晚上他只要一抬頭，就可以看到天上的星星，而且，哪一天小王子要來造訪他時，進來也比較方便。哈，眞是天眞又夢幻的年輕人，果然是藝術家沒錯。

吃完鱔魚麵，他邀請我們一起去附近的田園散步。

散步時，我隨口問他：「你滿意這樣的生活嗎？」其實我很羨慕他的悠閒生活。然後，他竟然告訴我：「我一天只要散步過一次，就覺得今天沒白活了。」

哇，好一個性情中人。這句話深深打動了我。

在坐車回台北的路上，我一直想著這句話。

我自忖著：「住在都市的我，每天都忙得要死，即使做了很多事，但我從來沒有這種簡單的滿足感，而現在，一個住在鄉下的年輕人卻告訴我：『我每天只要散步過一次，就覺得今天沒白活了。』這到底是怎麼一回事？」

回到台北，我的心裝滿了白河的蓮花，優雅、清香。

順便，我把年輕人的從容簡單，也帶回了台北。

那幾天，每天我都會把自己帶出去散步一次，不管是清晨或黃昏，每當我漫步河堤時，我都會跟自己說：「今天，我只要散步過一次，就沒白活了。」這句話提醒了我：可以再慢一點，再少一點，再簡單一點。簡單，就是幸福。

最後，我跟K說，每年到了夏天，我想煮蓮子湯喝，是因爲這會讓我想起白河有一個年輕人，他是如何過著簡樸而美好的生活。

君子愛蓮，並如蓮花般「出污泥而不染」。這個年輕人有如隱士，將自己隱身於白河小鎮中，終日與蓮花爲伍，過著屬於自己單純、恬靜的人生。這是他的選擇。

單純的人、單純的生活，都讓我感到美好。

我終於知道：美好的生活，其實只是一種選擇，而已。

療癒小語

§ 再慢一點，再少一點，再簡單一點。簡單，就是幸福。

7 不適合自己的，就勇敢放下

「沒有了公職及教職這樣的鐵飯碗，難道你不怕嗎？」

你猜，張曼娟如何回答？

「怕呀！但我更怕不能忠於自己。」

朋友W是一位公務人員，本來在某鄉下小鎮擔任公職十餘年，從小職員當到小主管，他喜歡過平淡、與世無爭的生活，所以對這樣簡單的日子，他感到甘之如飴。

不幸地，兩年前，他突然接到上級的調職命令，他升官了，被調到台北當大主管。

這是幸運啊，怎麼會說不幸呢？

唉呦，不是每個人都喜歡住在繁華大都市的，更不是每個人都喜歡當主管的，不是嗎？

因爲上級的看重，讓W勉爲其難地接下主管位置，但他的惡夢卻也因此開始。

到新單位不到一年，他壓力很大，大到幾乎夜夜失眠，人也日漸消瘦。一天下午，他請了假，跟我約在一間優雅的咖啡館，他想找我聊天。那是一個明亮的下午，溫暖的冬陽照在庭園的綠樹上，我選了一個靠窗的位置。一坐下，他就跟我說：「我一點都不想當主管，我不喜歡管人，更受不了官場間的逢迎奉承、爾虞我詐，我只想單純地做一個公務人員，單純地把事情辦好，單純過日子就好。」現在，雖然他的薪水比以前高出許多，但他一點也不快樂，問我該怎麼辦？

人生總是兩難。我雖同情朋友，卻無法給他什麼建議（直接給建議也不是我的風格）。畢竟，自己的路自己走，每個人都要爲自己的人生負責，負百分之百的責任。

聆聽W的掙扎，同理他的處境，最後，我跟他說了一個故事。我是做敍事的，只說故事。

「你聽過張曼娟這個作家嗎？」我問朋友。

「當然聽過，我還看過她的書《海水正藍》呢。」我心想，太好了。

「你知道她也曾經當過公務人員、當過大主管嗎？」我問。

朋友很詫異：「有嗎？」

「有，我也是看雜誌報導才知道的。當了一輩子作家的她，曾接手香港光華新聞文化中心主任，但後來未滿一年就閃電辭職了。據說離職時，還送給媒體記者『莫忘初心』的香皀。因爲知道自己不適合公職，於是她勇敢放手了。」

「後來呢？」朋友迫不及待地想知道她的下一步。

「離開公職返台後，聽說到大學任教了。」

「哦。」朋友鬆一口氣，好像這也是不錯的選擇。

「不過聽說幹了沒有多久，又離職了。」我又補充。

朋友張大眼睛：「眞的嗎？」

是啊，據說當年系主任還提醒她：「這樣你會拿不到退休金喔。」但她卻灑脫地回答：「沒關係。」

她的朋友問她：「沒有了公職及教職這樣的鐵飯碗，難道你不怕以後經濟不穩定嗎？」

你猜，張曼娟如何回答？

「**怕呀！但我更怕不能忠於自己。**」這句話說得真好。

最後，她說：**人生走到五十歲，正是「行到水窮處，坐看雲起時」的階段，水窮不是到絕境，而是看清了生命的源頭和本質。**

唉，沒錯。人只要能夠看清楚自己生命的本質，就知道自己要什麼，並能做出好選擇了。剛好自己的生命也走到五十歲，也十分渴望此刻能有「坐看雲起時」的從容與優雅。

人活著，如果不順應自己的本性，背叛自己的初衷，是絕不可能過得快樂的。這是我的經驗。

「**不適合自己的，就勇敢放下。快樂，其實比工作、名利更重要。**」張曼娟的故事，如此提醒著我們。

就在我說完張曼娟故事的同時，朋友的手機響了，他急著接，原來是辦公室打來有急事，他必須立刻趕回去處理。果眞，人在江湖，身不由己，主管難爲呀。

朋友跟我致歉，迅速起身離去。我不急，我還想繼續享受難得有冬陽的悠閒午後。目送朋友離去的背影，我在心裡默默地祝福他。

不久，我就收到朋友傳來的簡訊，寫著：「**不適合自己的，就勇敢放下**。我知道該怎麼做了，感謝你的好故事。」

看完簡訊，我莞然一笑。

瞬間，窗外飄過一朵清淡的雲，緩緩地，美極了。

療癒小語

§人生走到五十歲，正是「行到水窮處，坐看雲起時」的階段，水窮不是到絕境，而是看清了生命的源頭和本質。

§人活著，如果不順應自己的本性，背叛自己的初衷，是絕不可能過得快樂的。

§不適合自己的，就勇敢放下。快樂，其實比工作、名利更重要。

8 去做你真心渴望的事

我們必須在：你已經「習慣」擁有的東西，及你「想要」擁有的東西之間做出抉擇。

我喜歡旅行。

每當工作一段時間，當我感到心浮氣躁、能量耗盡時，我就知道，該出走去旅行了。

經常一個簡單行李，包包一揹，我就出門了。

朋友們經常用羨慕的口吻對我說：「眞好，你都可以經常去旅行。」但也有些朋友會用懷疑的眼光說：「怎麼可能呢？你怎能說走就走？」

不管對第一種或第二種朋友，我的回答經常是：「只要你願意，沒有什麼不可以的，不是嗎？」

接下來，朋友就會給我一卡車的理由，來證明他們「眞的不能」。那些理由不外是：工作太忙、家裡有小孩、老公不准、錢不夠、沒人陪、路不熟……

但爲了證明他們眞的是喜歡旅行的，最後他們總會告訴我：「我會去旅行的，不過得等到有休長假時、退休時、孩子長大以後、有錢以後、找到伴時……」

當然，根據我的經驗，幾年過後他們依舊是出不了門的，不管長程或短程的旅行。然而，當他們再遇到我時，那句老話依然再現：「好羨慕你可以去京都賞楓喔，我也好想去……」

這樣的話，聽聽就好，千萬別當眞，他們只是隨口說說罷了。

我終於知道，要說服一個人去旅行是很困難的，除非他能先說服自己。而人，**最難的是說服自己**。

於是這又讓我想起一個故事。

從前東方太平山上有一間廟，廟裡有兩個和尚。有一天，小和尚問大和尚：「師兄，你今生最大的心願是什麼？」大和尚毫不猶豫地說：「我這一生最大的志願就是到西方取經。」小和尚又問：「那你爲什麼不去呢？」大和尚說：「哪有那麼容易，這一路十萬八千里，不但路途遙遠，還要翻山越嶺，路途艱辛，重點是，我的盤纏也不夠。」

隔天，小和尚跟大和尚告別，說他想去西方取經。大和尚大笑：「你別傻了，路途很遙遠耶。」小和尚說：「沒關係，我慢慢走，總有走到的一天。」

大和尚還是不放心：「可是沿路翻山越嶺、毒蛇猛獸很多，很危險喔。」小和尚回：「只要我心存善意，盡量迴避，就會沒事的。」

大和尚繼續說服：「可是你盤纏夠嗎？沒錢怎麼出門？」小和尚堅定地回答：「我可以沿路化緣，不然路邊摘些野果吃也可以，不會餓死的。」

說完，小和尚就此拜別。

十年過後，小和尚從西方取經回來了，雖滿臉風霜，雙眼卻炯炯有神。大和尚看著小和尚，面有慚色，默默不語。

我很喜歡這個故事。**如果不付諸行動，所有的夢想都是空中樓閣。其實我們都是那個「大和尚」**，我們經常缺乏勇氣，走不出去，不是嗎？

這又讓我想起《牧羊少年奇幻之旅》書上的經典名言：**你必須在「你已經習**

慣擁有的東西，及你想要擁有的東西之間」做出抉擇。

離開「舒適圈」需要勇氣，放棄「習慣擁有的東西」更需要勇氣。**放棄，是一種力量。**

爲什麼人無法放棄？

還記得幾年前一部叫好又叫座的印度片《三個傻瓜》嗎？片中男主角藍丘就是「小和尚」，他聰明、會思考、有愛心、有創意、很有行動力。他根本不在乎文憑，念書是爲了樂趣，他勇於挑戰權威及主流價值，是學校的頭疼人物，但他成績優秀、總是第一名，學校拿他沒辦法，所有的框框體制都限制不了他，他是自由人。

他有兩個室友，但兩人成績都不好。有一天，勢利的校長羞辱了他們，於是藍丘陪伴著沮喪的室友B與C，一起頂著夜空，坐在階梯上喝酒。

微醺中，B抱怨著：「爲什麼你每年都拿第一名，而我卻總是倒數。」

藍丘回他：「你知道爲什麼嗎？因爲我喜歡工程，機器是我的激情。而你的激情是什麼？」藍丘立刻去翻B的背包，翻出一封信，那是B想去跟一位國際動物攝影大師學攝影的應徵信，但他很膽怯，遲遲不敢寄出。然後藍丘對B說：「傻瓜一個，你深愛著攝影，卻要娶機器。別幹工程啦，去娶攝影、去發揮你的天賦吧。」

這句話，不也是對你我說的嗎？

做自己不喜歡的事，永遠事倍功半。就算你再努力，也很難成功。就算成功，也不會快樂。如果不快樂，你的成功還算成功嗎？我質疑。

一旁的C覺得很有道理，卻也質問藍丘：「但工程既是我的老婆，又是我的情人，可是我還是考不好啊，爲什麼呢？請你解釋。」

藍丘看著C，回他說：**「因爲你太懦弱了，你害怕將來。」**（一針見血！）

藍丘抓起C的手，比著他手上滿滿的戒指（在印度，戒指就像護身符）說：「這麼害怕明天，今天怎麼活？你怎麼能專心學習？」

藍丘一語道破現代人的恐懼。我們不都是如此嗎？**永遠恐懼未來，永遠只活在未來的焦慮中。焦慮，是很耗能量的。**

恐懼、焦慮，是讓人無法做自己的原因。

如果你內心有一個渴望、有一個夢想，放手去實踐吧。因爲這份渴望，乃源自於「天地之心」，請牢記《牧羊少年奇幻之旅》書上這句好話：「**當你眞心渴望某樣東西時，整個宇宙都會聯合起來幫助你。**」

其實，很多恐懼都是我們自己想像出來的。

有一次，藍丘想安慰焦慮的C，跟他說了一個故事：

小時候住的村子裡有一個守夜的老人，每次夜巡時，都會重複唸著「一切都好，一切都好。」（All will be well.）每次聽見這句話，都會讓他感到很安心。藍丘跟C說：人的心是很容易害怕的，你得哄哄它，不管碰到多大的問題，就告訴你的心：「一切都好，好兄弟。」

C質疑：「這樣能解決問題嗎？」

藍丘回得很直接：「不能，但是你會得到面對問題的勇氣。」

哈，說得好。有時人缺乏的，只是勇氣罷了。

勇氣要從哪裡來？從實踐中來，從行動中產生。

故事將近尾聲，親愛的朋友，感謝你聆聽我說故事。如果這些故事可以激勵到你、帶給你力量，那就太好了。

接下來，請你安靜，聆聽自己內在的聲音、內心的渴望，然後，站起來，採取行動吧，勇敢去改變自己一成不變的生活，即使小小的改變，都好。

畢竟，行動才是王道，沒有行動就沒有改變，請記住這個眞理。

療癒小語

§ 離開「舒適圈」需要勇氣，放棄「習慣擁有的東西」更需要勇氣。放棄，是一種力量。

§ 如果不快樂，你的成功還算成功嗎？

§ 我們必須在「你已經習慣擁有的東西，及你想要擁有的東西之間」，做出抉擇。

〈後記〉過程比結果更重要

終於完稿，屬於我輕鬆自在的生活又回來了。

我是一個認眞的人，做每一件事都是百分之百的全力以赴、專注投入，幾乎到忘我，書寫亦然。把稿子交出去的那一刻，喔，我自由了。

上週六，秋高氣爽的好天氣，我到朋友Ｌ家吃飯，我有一群固定的「飯友」，大約每兩個月聚會一次，每次一人一道菜，輪流到彼此家裡享受美食與友情的溫馨。

Ｌ家住北投，窗外就是一大片青山綠樹，北投乃溫泉之鄉，隨時都有溫泉可泡，我笑稱他住在這裡根本是在養老。

他是好命的人。歲數跟我差不多，卻已退休，閒暇之餘就是到處遊山玩水，他喜歡賞鳥，是名符其實的「鳥人」。

茶餘飯後，他跟我們分享這幾年賞鳥的心得領悟，很值得一聽的好故事。

他說，最初賞鳥，動機很單純，眞的就是喜歡看著鳥兒在大自然中來去自如的感覺。那時賞鳥，身上只帶一個望遠鏡，到處走到處看，一邊欣賞山光水色、一邊賞鳥，心情很輕鬆、很單純，沒有得失心，所以不管有沒有賞到鳥都很開心。

不久，欲望變大了。光看不過癮，L買了昂貴的單眼相機，開始學攝影想拍鳥。他想「擁有」它，想把鳥兒最美的姿態「永久保存」起來。於是，他現在出門賞鳥，行頭變多、也變重了。

剛開始攝影拍鳥時，L確實得到很多樂趣。尤其回家後，把美美的相片放在臉書上分享，得到很多「讚」時，心裡更是爽。人總是虛榮，這就是人性。

但一年下來，他卻感覺：人的欲望，永無止境啊。

人性的貪婪，絕對會奪走你的單純與快樂。「人一生要修的功課，就是貪、瞋、癡而已，沒錯。」他感慨地說。

他解釋：爲了要拍到最美的畫面，現在的他已經不是在「賞」鳥，而是在「獵」鳥。只是他不是用獵槍獵鳥，是用相機在「獵」鳥。

過去「無所求」，只要看到鳥，心裡就開心了。但現在，光是看到已經毫無感覺，一定要「拍到」才算數，而且還要拍得美美的，才會開心。

爲了捕捉到最美的畫面，他說一看到鳥就拿起相機來一直拍、一直拍，拍完後就立刻走人再去找尋下一個目標，心裡總想著「下一個會更好」。

如此帶著目的與功利去賞鳥，心，已不再單純，就連身邊所有的山川美景全都消失、看不見了。

不只如此。拍完後，他會立刻看相片，急著想看拍得如何？然後得失心又來了。他開始「挑毛病」，一下嫌翅膀沒張開，一下嫌背景不好、姿態不美，心裡懊惱不已。

當下，因爲太重視「結果」了，他幾乎忘了賞鳥的初衷與「過程」的美好。當年，單純賞鳥的閒情逸致與樂趣，已不復見。

「唉，人總是作繭自縛，戒不了貪。」最後L感慨地說。

哇，好深刻的領悟。

這個深切的領悟絕對可以「依此類推」到我們生活各個層面。是呀，很多事不都是如此？**我們總是忘記初衷，總是太貪。**

其實，**把生活搞得複雜、讓自己痛苦不堪的，就是我們自己**。不是嗎？

「過程比結果更重要」，我們常常忘記。

說這個故事，其實是想以它做爲本書的「結語」。

寫這本書我最最想要表達的核心價值，其實就是：**回到初衷，好好過生活，把自己愛回來。**

但人總是健忘。這不能怪我們，別忘了，我們前面總有一根「胡蘿蔔」不斷引誘著我們，我們都是那隻「停不下來的驢」，不是嗎？要做到「斷、捨、離」，難啊，但這是你我今生的功課。

人爲了追逐世俗的成功，永遠都覺得「不夠」，到最後，把自己搞得疲憊不堪、灰頭土臉，活得不像人。如此人生，本末倒置，實在愚昧不堪。

唉，**人活著，其實不需要那麼用力的。「花若盛開，蝴蝶自來」，做自己喜歡的事，活出自性，人生自然圓滿歡喜。**

親愛的朋友，感謝您聆聽我說故事。

如〈前言〉所言，這些故事，其實是說給自己聽的。如果有哪些故事，叫你感動、甚至讓你有所「警醒」的，那是巧合，或許是你的靈魂想透過我，把「這個訊息」帶給你的。記得，「心在哪裡，道就在哪裡」，聆聽內心召喚，跟著心走，就對了。

書中的故事，大多是自己這些年的生活反思與記錄，但適合我的生活方式不見得適合你，請你也找到自己「現階段」最適合你的生活方式。我的生活方式與價值，不是「標準答案」。

感謝方智出版社對這本書的大力支持。感謝這本書的責編怡如如此用心編輯，讓這本書美美地呈現在大家面前。感謝這幾年上我的課、與我做生命深度交流的朋友。感謝閱讀我書的讀者，感謝你們的善意與支持。感謝自己活了五十年，還可以長得這個樣子，依然不失赤子心。

唉，天涼好個秋，此刻，眞眞覺得自己好豐盛、富足。

年過半百，黃金五十。我知道，我的好日子來了，因爲我發過誓：我一定要把自己好好愛回來。

親愛的朋友，屬於你的「好日子」在哪裡呢？

闔上這本書的同時，請你也好好思量吧。

全心全意，把自己愛回來，永遠不嫌晚。這件事，絕對是你我一生中，最該做的一件事。

最後，再次深深祝福你。

合十，感恩。

延伸閱讀

◎《擁抱不完美》（二〇一三），周志建，心靈工坊

◎《故事的療癒力量》（二〇一二），周志建，心靈工坊。

◎《療癒寫作：啓動靈性的書寫秘密》（二〇一四），娜妲莉・高柏（Natalie Goldberg），心靈工坊。

◎《斷捨離》（二〇一一），山下英子，平安文化。

◎《聆聽疼痛：爲痛苦尋找話語、慈悲與寬慰》（二〇一四），大衛・畢羅（David Biro），木馬文化出版。

◎《暗潮下：當心理醫生得了憂鬱症》（一九九六），馬大・曼寧（Martha Manning），（智庫文化出版）

◎《零極限：創造健康、平靜與財富的夏威夷療法》（二〇〇九），喬・維泰利、伊賀列卡拉・修・藍博士（Joe Vitale、Ihaleakala Hew Len, PhD.），方智。

◎《牧羊少年奇幻之旅》（二版，二〇〇四），保羅·科爾賀（Paulo Coelho），時報出版。

◎《榮格自傳》（一九九七），卡爾·榮格（C. G. Jung），張老師文化。

◎《破碎重生》（二〇一一），伊莉莎白·萊瑟（Elizabeth Lesser），方智。

◎《當下的力量》（二〇〇八），艾克哈特·托勒（Eckhart Tolle），橡實文化

◎《靈魂之旅》（二〇〇四），蘇菲亞·布朗，琳賽·哈理遜（Sylvia Browne, Lindsay Harrison），人本自然

◎《愛與性的奇蹟課程》（二〇一〇），李宜靜，方智。

◎《死過一次才學會愛》（二〇一三），艾妮塔·穆札尼（Anita Moorjani），橡實文化。

The Eurasian Publishing Group
圓神出版事業機構
用心與你對話・視野無限寬廣
方智出版社
Fine Press

http://www.booklife.com.tw　　reader@mail.eurasian.com.tw

自信人生 122

把自己愛回來——改寫生命腳本的療癒故事

作　　者／周志建
發 行 人／簡志忠
出 版 者／方智出版社股份有限公司
地　　址／台北市南京東路四段50號6樓之1
電　　話／（02）2579-6600・2579-8800・2570-3939
傳　　真／（02）2579-0338・2577-3220・2570-3636
郵撥帳號／13633081　方智出版社股份有限公司
總 編 輯／陳秋月
資深主編／賴良珠
專案企劃／沈蕙婷
責任編輯／柳怡如
美術編輯／王　琪
行銷企畫／吳幸芳・荊晟庭
印務統籌／劉鳳剛・高榮祥
監　　印／高榮祥
校　　對／賴良珠・盧佳宜
排　　版／杜易蓉
經 銷 商／叩應股份有限公司
法律顧問／圓神出版事業機構法律顧問　蕭雄淋律師
印　　刷／祥峰印刷廠

2014年12月　初版
2022年7月　13刷

定價 310元　　ISBN 978-986-175-375-1

你本來就應該得到生命所必須給你的一切美好！
祕密，就是過去、現在和未來的一切解答。

——《The Secret 祕密》

國家圖書館出版品預行編目資料

把自己愛回來：改寫生命腳本的療癒故事 /
周志建 著 -- 初版 -- 臺北市：方智，2014.12
306面；14.8×20.8公分 --（自信人生；122）

ISBN：978-986-175-375-1（平裝）

1. 心理治療　2. 心理諮商　3. 敘事

178.8　　103020515